AFRICA

Photographies et textes de Gilles Bertrand.
Aquarelles de Arnaud Sauveplane.

Avec la collaboration d'Odile Baudrier pour l'extrait de
l'entretien réalisé avec Nawal El Moutawakel.

Photographs and texts by Gilles Bertrand.
Watercolours by Arnaud Sauveplane.

With the collaboration of Odile Baudrier for the
extract from the interview with Nawal El Moutawakel.

DE RABAT A SOWETO
SUR LA ROUTE DE L'ENDURANCE

"Quand un zoulou aime sa doudou". J'ai encore en moi le rythme du jingle qui, de l'autre côté de la vitre, lançait cette émission hebdomadaire. Trois, deux, un et Orchestra Makassi lâchait son "Mambo Bado", en roucoulant comme un hymne tranquille, dévalant dans mes veines, imprimé à jamais, à la vie.

En chargeant sur mon épaule mon sac, en prenant cette Route de l'Endurance, par-delà les frontières, je n'ai pas oublié ces trois minutes de bonheur. Cette rumba sinueuse et alanguie qui a le pouvoir de chasser les vieux démons, de repousser les pires tourments dans une Afrique si malmenée.

De Rabat à Soweto, des orangeraies de Berkane aux collines d'Hillbrow, du Mont Cameroun au Ruwenzori, elle s'est invitée sur cette route où les coureurs cherchent un au-delà. Belle ritournelle allant et venant pour rythmer ce grand voyage, entrepris au gré du temps, dans une Afrique de l'ordinaire. Du peu, du mal. Du trop, du pas assez. Incertaine et indécise. Multiple et infiniment puissante. Envoûtante et désarmante.

L'Afrique de la rue, l'Afrique des stades. L'une sans l'autre. Indissociable. De l'ordinaire à l'extraordinaire lorsque la foulée de ces coureurs porte à l'excellence. Citoyens des stades, citoyens du monde. Africains tout simplement.

Sur cette piste de l'Endurance, j'ai rencontré tant et tant de coureurs. C'était le but. Porteurs d'espoir sur cette route menant au Cap de Bonne Espérance. Alors que le Kenya s'enivre de violence si soudainement, que le Rwanda assèche encore et toujours ses larmes. Que la Tanzanie et l'Ouganda s'épuisent dans l'ignorance d'un continent aux abois, alors que Soweto se réveille chaque dimanche matin avec la gueule de bois.

Ils ont ouvert leurs portes. A corps et à cœur. Rentrons. Chez Hicham, Sarah, Boniface, Moses, Haile, Martin, Sithule, la porte est toujours ouverte pour mieux se comprendre. Une mélodie sort du poste : "Mambo Bado, Mambo Bado…" Nous sommes attendus.

MAROC
LA COURSE DU COEUR

CAMEROUN
UN PACTE AVEC LE DIABLE

OUGANDA
DEMAIN, C'EST LA SAINT VALENTIN

RWANDA
LE JOUR SE LEVE ENFIN

ETHIOPIE
LES LARMES D'ASELA
LE PAYS DE L'ENDURANCE

KENYA
UN TRIANGLE DE VIE
LE LIEVRE ET LE TIGRE

TANZANIE
"WE'LL EDUCATE, WE'LL TRAIN"

AFRIQUE DU SUD
SOWETO, LE MARATHON DOMINO

FROM RABAT TO SOWETO
ON THE ENDURANCE ROAD

"When a Zulu loves his sweetheart", I've still got the rhythm of the jingle which, from the other side of the window, launched a weekly programme. Three, two, one and the Makassi Orchestra struck up with its "Mambo Bado", crooning like a tranquil hymn, flowing through my veins, imprinted in me for ever, for life.

Hefting my bag onto my shoulder, starting out on the endurance road across many frontiers, I haven't forgotten these three minutes of happiness. The sinuous, languid rumba which is capable of chasing away old demons, pushing out the worst torments of this so badly mistreated Africa.

From Rabat to Soweto, from the orange groves of Berkane to the slopes of Hillbrow, from Mount Cameroon to the Ruwenzori, it followed me along the trail where runners seek something more. A lovely ritornello coming and going to give rhythm to this long journey, undertaken at intervals over the years, in an Africa of the ordinary. Of little, of bad. Of too much, of not enough. Uncertain and undecided. Multi-faceted and infinitely powerful. Bewitching and disarming.

The Africa of the street, of the stadium. Never one without the other. Indissociable. From the ordinary to the extraordinary when the runners' strides lead them to excellence. Citizens of the stadium, citizens of the world. Simply Africans.

On this endurance road, I met so many, many runners. It was my objective. Bearers of hope on the road to the Cape of Good Hope. When Kenya becomes so suddenly intoxicated with violence, when Rwanda is still drying its tears. When Tanzania and Uganda exhaust themselves in the ignorance of a continent in desperate straits, when Soweto wakes up every Sunday morning with a hangover.

They have opened their doors. Body and soul. Let's go in and see Hicham, Sarah, Boniface, Moses, Haile, Martin, Sithule, their doors are always open to understand one another better. A melody flows from the radio: "Mambo Bado, Mambo Bado…". We are expected.

MOROCCO
A RACE FROM THE HEART

CAMEROON
A PACT WITH THE DEVIL

UGANDA
TOMORROW IS ST VALENTINE'S DAY

RWANDA
DAYBREAK AT LAST

ETHIOPIA
THE TEARS OF ASELA
COUNTRY OF ENDURANCE

KENYA
A TRIANGLE OF LIFE
THE HARE AND THE TIGER

TANZANIA
"WE'LL EDUCATE, WE'LL TRAIN"

SOUTH AFRICA
THE DOMINO MARATHON

MAROC

LA COURSE DU CŒUR

Abdoulab est né sans bras. Peut-il y avoir pire ? Naître sans épaules, sans bras, sans mains, sans doigts, sans ongles. Sans épaules pour forcer le destin. Sans bras pour dire bonjour. Sans mains pour caresser les étoiles d'un ciel obscur. Sans doigts pour porter une alliance. Sans ongles pour gratter le vernis d'une sale vie.

Abdoulab est petit. 1 mètre vingt peut-être. Ficelé dans un imper gris vert, il ressemble à un petit arbre chétif, taillé en pointe vers le haut. Il est tout menu, tout tordu, comme un fétu de paille ballotté par le vent. Il penche la tête comme pour demander pardon et décroche un petit sourire en soulevant la lèvre supérieure.

Dans cette salle de café, on ne fait guère cas de lui. Les tables se font et se défont dans la bonne humeur. Des petits photographes de quartier tournent comme des guêpes, des clichés en éventail plein les mains comme des cartes de bonne aventure. Salah Gahzi parle avec un chanteur populaire. Le frère de Mohamed Mourhit s'enflamme au côté d'un membre distingué de l'IAAF. Paulo Guerra passe commande d'un nouveau café pour noyer son ennui. Ismaël Sghyr apostrophe Momo Serbouti. La vie est belle.

Abdoulab se tient dans un coin. Les serveurs passent et repassent. Abdoulab attend Hicham. Il attend un petit geste, une petite pièce, une petite miette. Un rien, beaucoup. On l'a présenté à la secrétaire de l'association Beni-Snassen. On lui a promis un petit rien, un petit beaucoup.

Abdoulab a une mine de chien battu. Il vous regarde comme s'il avait commis l'irréparable. Il prétend avoir 15 ans. Il prétend être au lycée où lui a été aménagée une petite table pour qu'il puisse écrire avec le pied gauche. Un grand s'arrête et lui demande : "Montre que c'est vrai que tu sais écrire avec le pied". Abdoulab se déchausse, on tire une chaise, il s'assoie et on lui place un stylo entre les orteils recroquevillés pour qu'il puisse écrire son nom et son adresse. "Abdoulab Belkassem" et il signe d'un Z allongé. Abdoulab ne rencontrera pas Hicham.

Demain sans doute car Hicham est trop pris, trop absorbé, trop entouré. Entre poignées de mains protocolaires et repas avec notables, entre complaintes des uns et désirata des autres. Hicham pris dans un tourbillon de questions et une tourmente de réponses. "Hicham", "Hicham", "Hicham". Hicham El Guerrouj reste imperturbable, précis dans ses réponses. Le téléphone ne cesse de sonner. Un proche de dire : "Il est anxieux comme pour une grande finale, il a la pression car il veut que tout soit parfait. Ce matin il m'a dit : "Vivement ce soir que les choses sérieuses reprennent".

Il sait aussi que sa course peut être prise en otage par les militants pro-palestiniens qui, dans tout le Maroc, agitent les drapeaux noir et vert. La veille encore, il a remonté le grand boulevard de Berkane en compagnie de sa garde rapprochée pour voir les points faibles de ce parcours. A ses côtés, il y a Laurent son manager, Hassan, le publicitaire qui a bouclé un budget s'élevant cette année à 240 000 $ et a vendu une heure trente de direct sur l'une des chaînes marocaines. Il y a également Omar Hamdi, cet ancien rugbyman qui a évolué au Racing de Nice puis à l'Olympique de Grasse avant de rejoindre le pack de Casablanca puis celui de Oujda pour devenir l'un des piliers du développement du ballon ovale au Maroc. Pour ces Foulées Internationales, il apporte son savoir-faire, sa connaissance des institutions et sa rigueur de chef d'entreprise qu'il est désormais après avoir repris la minoterie familiale. Il y a aussi Hassan, lui aussi ancien rugbyman, Hassan le poète, l'éducateur, le social, le pigeon voyageur qui roucoule de plaisir lorsqu'il parle d'Hicham avec emphase et romantisme. Il dit lui-même : "Il faut mettre de la poésie dans la vie". Hicham et l'élégance de course... il en parlerait des heures, un verre de thé brûlant à la main, en égrenant les chronos comme on laisse défiler entre ses doigts les perles d'un chapelet. S'enflammant aux exploits des glorieux Copi, Bartali, Indurain en osant des comparaisons chevaleresques avec Ovett, Coe, Cram et Morceli. Il vous prend à partie en portant sa main vers le menton et en redressant le buste : "Ce port de tête, vous l'avez vu ? Vous l'avez vu ? Cette gestuelle, cette grandeur. Il est ailé, il vole" ose-t-il déclamer en se portant sur la pointe des pieds et en ouvrant les bras comme pour battre l'air. "Hicham, c'est un grand qui aime la confrontation. Un grand qui ne se dérobe jamais". Et puis il vous prend par l'épaule comme pour vous soudoyer une réponse : "Alors d'après vous, Hicham, c'est le plus grand ?". Il attend une réponse, fiévreux. "C'est Ovett, Coe ou Hicham ? S'il réussit à monter sur 5000 m ce sera Hicham".

Hicham, entouré de Omar, Laurent et des deux Hassan, avance comme dans un pack conquérant sur cette route bordée d'orangers, de roseaux, de vignes et de canaux pour irriguer cette terre noire et nourricière. L'enfant de Berkane est de retour dans ce coin excentré du Maroc adossé aux collines Beni Snassen hérissées de petits fortins qui émergent par delà les figuiers pour surveiller une Algérie que l'on craint. Hicham le citoyen, a laissé ses records, ses rêves olympiques et ses pointes en or l'instant d'un week-end pour côtoyer son peuple, pour se laisser porter par cette vague d'espoir qu'il a fait naître dans un Maroc qui porte sa jeunesse comme un lourd fardeau. Abdelkader Kada son entraîneur n'est pas loin. Il est presque surpris par cet Hicham le généreux, Hicham qui a su se construire une personnalité en dehors de la piste. Hicham dont le caractère s'est forgé à travers les victoires étincelantes et les défaites déshonorantes. Hicham qui a su repousser les assauts de la gloire comme lorsque l'on fait barrage face à l'Harmattan, ce vent du désert qui ensable le creux des oueds et qui assèche le coeur et les larmes des hommes. Kada observe son élève comme on regarde un fils grandir. Il a pris de l'assurance, de la liberté, de la droiture en cassant le moule de sa timidité. Ce n'est plus le jeune homme que l'on a trop protégé au point de l'étouffer, en lui canalisant le discours et les émotions. Kada est fier de lui : "Il a un rôle à jouer dans la vie comme l'ont fait avant lui Pelé ou Mohamed Ali. Il veut donner à cette jeunesse. Il trace son chemin". Kada a rangé son carnet d'entraînement pour quelques jours. "J'ai compris que nous ne pourrions rien faire de bon. Dès jeudi, le téléphone n'arrêtait pas de sonner. Je lui ai dit : "Alors, on la fait cette séance ?". Car je ne le sentais pas concentré. Il m'a répondu : "Ok, on y va". Les lièvres se sont alors portés dans sa foulée pour aligner huit 400 mètres en 58 secondes et une minute de récupération. Hicham a poursuivi seul pour sept autres. Du travail bien fait, la séance était bouclée, une fin de cycle aussi, sans blessure, sans soucis, l'esprit libéré. Kada pouvait se replier dans sa sagesse et laisser filer Hicham se faire happer par l'organisation de ces Foulées de Berkane.

Hicham El Guerrouj appartient à la société civile. Il aurait pu s'exclure et s'embourgeoiser en érigeant une casbah d'égoïsme et d'ingratitude et garnir une penderie de beaux costumes princiers. Hicham souhaitait l'inverse. Il dit tout simplement lorsqu'il explique le sens de sa démarche : "J'essaie de redonner le sourire aux gens. Je fais cela avec mon coeur. Je fais cela avec l'énergie du coeur".

Hicham a un gros coeur. Nous le savions déjà. 3'26" sur la piste, il faut un coeur gros comme ça. Lorsqu'au matin de la course, il s'est noyé dans un essaim de gamins presque insoumis, il a prouvé qu'il avait le don de soi. Pour se laisser porter par cette marée de regards, de bras, de pulsion et d'insouciance. Le Maroc dans toute sa vitalité, le Maroc dans toute sa fébrilité. Cette jeunesse dans l'attente, dans le besoin, cette jeunesse qui n'a pas encore eu le temps d'apprendre la résignation. Hicham, ballotté, secoué, sans autre protection que le filtre de sa propre voix pour demander un peu de calme et moins d'impatience. Les enfants le lui ont bien rendu en scandant haut et fort de vibrants : "Hiiiiiichammmmm...Hiiiiiichammmmmm...Hiiiiii-chammmmm". 1000, 2000, 3000 gamins arrivant de partout, à répéter cent fois le départ, dès sept heures le matin. En jupe, en espadrilles, en petit costume, en petit maillot, en caleçon trop grand, des timides, des intrépides, des curieux, des réservés tenant à la main leur dossard soigneusement plié comme un bulletin de notes. Une richesse.

En haut de l'avenue, lorsque les militaires se sont retirés en desserrant leur étau de protection, plusieurs milliers d'enfants se sont libérés, comme un vol de pigeons portant chacun un message d'espoir. Abdoulab ficelé dans son petit imper gris vert les a laissés partir du regard. Même pas triste. Résigné à son sort. Hicham, lui, a serré très fort au fond de sa poche ce petit bout de papier rouge que, la veille, il faisait circuler de table en table. Il s'agissait de sa première licence au club de Berkane alors qu'il n'était que minime. Son nom y est écrit phonétiquement "Hicham El Guerouge".

Hicham a voulu cette course pour donner de l'espoir. Entre deux ordres, entre deux embrassades, entre deux photos et deux sourires qu'il ne refuse jamais, il prend le temps de dire avec calme au beau milieu de cette place de Berkane : "Ici, il y a tant de misère, il y a tant à faire". En janvier 2000, c'est ainsi qu'il crée l'association Beni-Snassen des Oeuvres Sociales afin de développer des actions caritatives, socio-culturelles, éducatives et médico-sociales orientées principalement vers les enfants démunis. Les Foulées de Berkane qu'il a baptisées "Courir pour l'Enfance" s'inscrivent dans ce projet humanitaire afin de récolter les fonds nécessaires à des actions multiples. Hicham précise : "Lors du Ramadan, nous avons ainsi distribué 700 repas par jour. Récemment, c'est un centre de formation que nous avons équipé de trente micro-ordinateurs grâce à Microsoft qui est sponsor de la course". Des écoles ont été équipées en sanitaires, en livres, des campagnes de circoncision ont été organisées, des puits ont été creusés sans oublier l'appui au club d'athlétisme local pour que demain un autre Hicham, une autre Nawal, une autre Nezza viennent s'envoler sur cette piste chaude comme la voix d'une Oranaise. Il y a beaucoup à faire. Il y a peut-être trop à faire. La seule générosité d'Hicham ne suffira jamais.

Hicham El Guerrouj.

OUARZAZATE

FES

MAROC

CASABLANCA

NAWAL EL MOUTAWAKEL
INSTANTS DE VÉRITÉ

„ On peut ne pas acheter des armes, on peut ne pas faire des choses qui nuisent à la société, en investissant dans le capital humain. Dans l'éducation, dans le sport. Il faut placer le sport parmi les priorités des priorités. Car ainsi, on construit une base solide, avec une jeunesse forte, qui croit en elle-même.

Il est impensable de faire évoluer le Maroc sans que la femme ne fasse partie de cette évolution, et de ce progrès, côte à côte avec son homologue masculin. Généralement, les femmes craignent de prendre des postes à responsabilité. C'est aux femmes de trouver la force de dire "nous existons" et d'accepter les échecs. L'essentiel est d'être le modèle pour d'autres.

Dans la vie, on tombe de son cheval, on se dépoussière un petit peu et on remonte à cheval pour mener encore cette bataille. C'est cela ma philosophie de vie.
Je suis souvent sur les stades, dans les forums où il y a une majorité masculine. Je suis dans des endroits où il y a rarement des femmes. Mais j'ai toujours refusé de servir le thé dans les réunions, je refuse de faire les photocopies, je refuse d'accompagner les femmes des responsables pour le shopping. Si je suis là, c'est pour donner au sport. Pour donner de mon temps pour une évolution vers un avenir meilleur. „

Extraits d'un entretien réalisé par Odile Baudrier auprès de la Marocaine Nawal El Moutawakel, championne olympique du 400 mètres haies en 1984 à Los Angeles et Ministre des Sports.

moROCCO

A RACE FROM THE HEART

Abdoulab was born without arms. Can there be anything worse? To be born without shoulders, without arms, without hands, without fingers, without nails. Without shoulders to shape one's destiny. Without arms to say hello. Without hands to caress the stars of a dark sky. Without fingers on which to wear a ring. Without nails to scrape away the veneer of a lousy life.
Abdoulab is small. One metre twenty perhaps. Wrapped in a grey-green waterproof, he looks like a small, stunted tree pruned for top growth. He is so slight, twisted, like a wisp of straw blown about by the wind. He hangs his head as if asking for pardon and gives a small smile by lifting his upper lip.

In the café, no-one takes any notice of him. Groups form and disperse good-humouredly at the tables. Local photographers hover around like wasps, photos fanned out in their hands like a fortune-teller's cards. Salah Gahzi talks to a popular singer. The brother of Mohammed Mourhit harangues a distinguished member of the IAAF. Paulo Guerra orders another coffee to stave off boredom. Ismaël Sghyr calls to Momo Serbouti. Life is great.

Abdoulab stays in his corner. Waiters pass to and fro. Abdoulab is waiting for Hicham. He is waiting for a small gesture, a coin, a crumb. Nothing, a lot. He has been introduced to the secretary of the Beni-Snassen association. He has been promised a little something, a little very much.

Abdoulab has a hangdog expression. He looks at you as if he had done something unpardonable. He claims to be fifteen years old. He claims to be at secondary school where a little table has been specially modified so that he can write with his left foot. A big guy stops and challenges him: "Prove that you can really write with your foot". Abdoulab takes off his shoe, somebody pulls up a chair, he sits down and someone puts a pen between his bent toes so that he can write his name and address. "Abdoulab Belkassem": he signs with a stretched out Z.

Abdoulab won't meet Hicham today. Nor tomorrow, no doubt, because Hicham is too occupied, too absorbed, too popular. Between formal handshakes and meals with bigwigs, between complaints from some and requests from others. Hicham dragged into a storm of questions and a whirlwind of answers. "Hicham", "Hicham", "Hicham". Hicham El Guerrouj remains imperturbable, precise in his answers. The telephone rings incessantly. A member of his entourage says: "He's as anxious as for a major final, he's under pressure because he wants everything to be perfect. This morning he said to me: 'Roll on this evening when we can get back to serious business'".

He also knows that his race could be taken hostage by pro-Palestinian militants who are waving black and green flags all over Morocco. Only yesterday, he went up the big Berkane boulevard accompanied by his bodyguards looking for weak points along the route. With him are Laurent, his manager and Hassan the publicity executive who has got together $240,000 this year and sold one and a half hours of live coverage to one of the Moroccan channels. Omar Hamdi is also there, former rugby player with Racing Nice and then Olympic Grasse before joining the pack at Casablanca and then at Oujda to become one of the mainstays of the development of the oval ball in Morocco. For these Foulées Internationales, he brings his know-how, his knowledge of the institutions and his rigour as a company director, which he has become since taking over the family flour-milling business. There is also another Hassan, also a former rugby player. Hassan the poet, the committed social worker, the homing pigeon who coos with pleasure when he speaks of Hicham with emphasis and romanticism. He says himself: "One needs poetry in one's life". Hicham and the elegance of his races…he could talk for hours, a glass of boiling hot tea in his hand, mentally ticking off the winning times like the beads of a rosary running through one's hands. Becoming impassioned about the exploits of the glorious Copi, Bartali, Indurain and daring to make comparisons with Ovett, Coe, Cram and Morceli. He takes you to task, moving his hand towards his chin and pushing out his chest: "You've seen how he carries his head. You've seen it. The way he moves his body, the grandeur. He's winged, he flies" he proclaims, standing on tiptoe and opening his arms as if to beat the air. "Hicham is a great man who loves confrontation. A great man who never shies away from anything". And he grasps your shoulder as if to extract a response: "So, do you think Hicham is the greatest?". He awaits my answer, feverish. "Is it Ovett, Coe or Hicham? If he manages to go to 5,000 metres, it'll be Hicham".

Hicham, surrounded by Omar, Laurent and the two Hassans, moves forward as if in a victorious pack along the road bordered by orange trees, reeds, vines and channels to irrigate the black, nourishing soil. The child of Berkane has come back to this outpost of Morocco, right up against the Beni Snassen hills, bristling with small forts emerging above the fig-trees to keep an eye on feared Algeria. Hicham the citizen has left his records, his Olympic dreams, his golden running shoes just for a weekend, to rub shoulders with his people, to let himself be carried along by the wave of hope he has brought into existence in a Morocco which carries its youth like a heavy burden. Abdelkader Kada, his coach, is not far away. He is almost surprised by this generous Hicham, this Hicham who has managed to develop a personality away from the track. Hicham, whose character has been forged through glittering victories and heavy defeats. Hicham who has managed to keep the dangers of glory at bay as one tries to keep out the Harmattan, the desert wind which fills the wadis with sand and dries the hearts and tears of men. Kada observes his protégé as one watches a son grow up. He has gained more assurance, liberty, rectitude by breaking the mould of his shyness. He is no longer the young man who was over-protected to the point of being stifled, channelling his words and his emotions. Kada is proud of him: "He has a role to play in society like Pelé or Mohammed Ali before him. He wants to give something to today's youth. He is making his way in life." Kada has put away his training programme for a few days. "I realised that we couldn't do anything worthwhile. Since Thursday, the telephone hasn't stopped ringing. I said to him: 'So, are we doing this session?'. Because I sensed that he wasn't concentrated. He replied: 'OK, let's go'". So the pacemakers set off alongside him for eight 400-metre laps in 58 seconds each with one minute of recovery between laps. Hicham carried on alone for seven more laps. Good work, the session was finished: the end of a cycle, without injury, without any worries. With an easy mind, Kada could now let Hicham be dragged off into the organisation of the Berkane Foulées.

Hicham El Guerrouj is of the people. He could have stood aloof and become middle class, erecting a kasbah of egotism and ingratitude and filling a wardrobe with fine, princely suits. Hicham wanted the opposite. When he explains what he is trying to do, he says simply: "I try to give people back their smile. I do it with my heart. I do it with the energy of my heart".

Hicham has a big heart. That we already knew. 3' 26" on the track, you need a big heart. When, on the morning of the race, he was drowned in a swarm of near-rebellious kids, he proved that he was capable of self-sacrifice. To let himself be carried by this tide of adoring looks, of arms, of impulsiveness and insouciance. Morocco in all its vitality, in all its feverishness. Youth that is still waiting, needing, youth that hasn't yet had time to learn resignation. Hicham jolted, shaken, with no protection other than the filter of his own voice to ask for a little more calm and a little less impatience. The children respond by chanting loud and clear:
"Hiiiiiiichammmmmm… Hiiiiiiichammmmmm… Hiiiiiiichammmmmm". 1,000, 2,000, 3,000 kids arriving from all directions have rehearsed the start 100 times since 7 a.m. In skirts, in espadrilles, in little suits, in tight singlets, in oversized shorts, shy, intrepid, curious, reserved, holding their number carefully folded like a school report because they don't have four safety pins. What treasure.

At the top of the avenue, once the soldiers have withdrawn and loosened their stranglehold, several thousand children are released, like a flight of doves each carrying a message of hope. Abdoulab, wrapped in his grey-green waterproof, watches them go. Not even sad. Resigned to his fate.

As for Hicham, he keeps a tight hold on the little bit of red paper in his pocket which he had passed round from table to table the previous day. It's his first licence from the Berkane club when he was just a junior. His name is written phonetically: "Hicham El Guerouge".

Hicham wants this race to bring hope. Between two orders, between two hugs, between two photos and two smiles that he never refuses, he takes the time to say calmly, right in the middle of the square in Berkane: "Here, there is so much misery, so much to do". That's why in January 2000 he created the Berkane Social Work Society, in order to develop charitable, socio-cultural, educational and medico-social activities mainly orientated towards destitute children. The Berkane Foulées, which he has baptised "Run for childhood" are part of this humanitarian project, to help collect the money necessary for so many activities. Hicham says: "In this way we distributed 700 meals per day during Ramadan. Recently, we equipped a training centre with 30 micro-computers thanks to Microsoft which is a sponsor of the race". Schools have been equipped with sanitary facilities and books, circumcision campaigns have been organised, wells have been dug, not to mention the support of the local athletics club, so that tomorrow another Hicham, another Nawal, another Nezza will come flying around the track as warm as the voice of a woman from Oran. There is a lot to do. Perhaps there is too much to do. Hicham's generosity alone will never suffice.

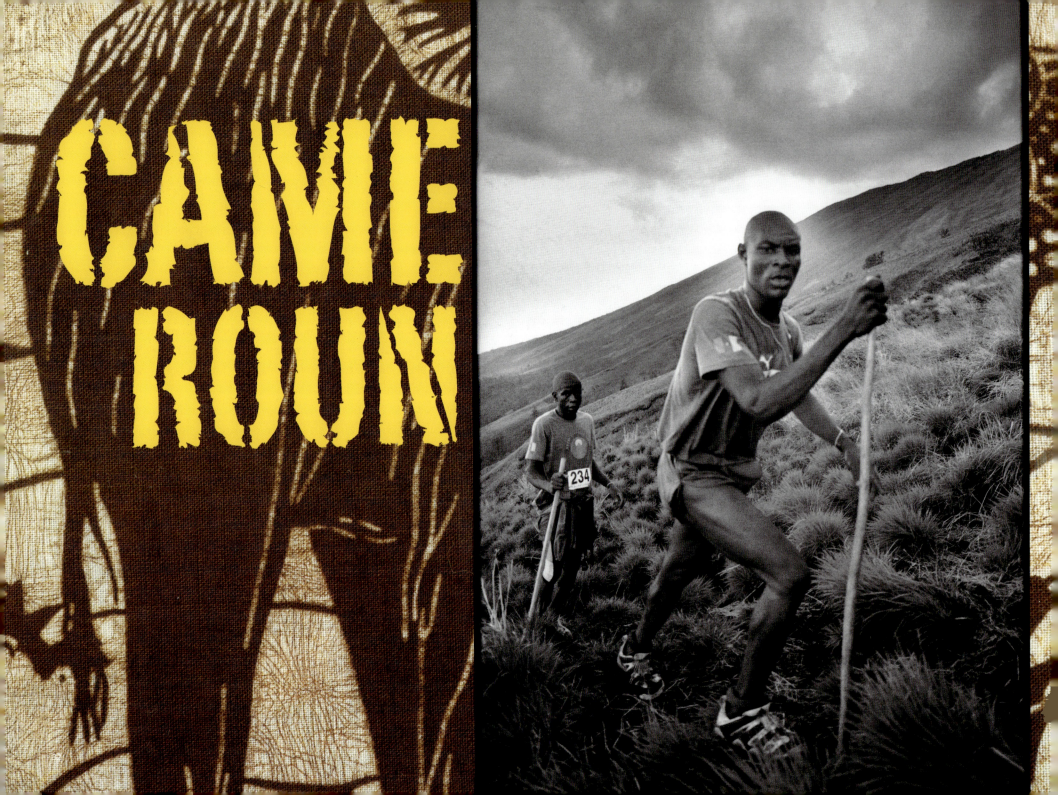

CAMEROUN

Un pacte avec le diable

Douala

La nuit n'a pas levé son voile et ses doutes. Le vigile de mon hôtel m'a prévenu : "Il ne faut pas monter entre deux personnes à l'arrière du taxi, sinon il risque de vous dépouiller sur la route". Malgré ces recommandations, je marche seul dans la nuit avec légèreté à la recherche d'un taxi pour Buéa. Rond Point Central, la rumeur gonfle à l'approche de ces voitures que rien ne permet d'identifier comme taxi officiel. Limbé, Limbé, Limbé, Buéa, Buéa, Buéa. Ça résonne dans ma caboche mal réveillée comme une rythmique binaire. Cette mélodie m'aspire dans la lumière des phares. "Blanc, tu vas où ? Blanc, tu vas où ?". "Buéa" je réponds. "Buéa, c'est là". On m'arrache par l'épaule, je résiste. "Non Buéa, c'est là". "Blanc, tu vas où ?". Je m'accroche à une portière, je serre fort mon sac. On me tire par l'épaule, on me propose des bananes, des avocats, du pain, des œufs durs. "Blanc, c'est là, Blanc c'est là". Je plonge ma tête à l'arrière du premier véhicule où quatre personnes ont déjà pris place, recroquevillées et compressées comme des crapauds. Je monte à l'avant et je paie double pour mes grandes jambes et mes deux sacs. Le chauffeur grignote déjà de la noix de cola. Il est stone. J'installe mon sac sur mes genoux comme un éphémère air bag. C'est illusoire mais on se raccroche parfois à de stupides réflexes d'autodéfense.

Ça klaxonne, les petits porteurs tapent sur le capot, le chauffeur allume une clope et met le contact. Dehors, la mélodie me poursuit "Limbé, Limbé, Limbé, Buéa, Buéa, Buéa". Nous prenons la route de Buéa.

Rond Point Central

Douala, l'intrépide, s'étire dans un bordel géant que les premières pluies ont rincé et décapé à vif. C'est luisant, lépreux et sirupeux. Déjà Bonaberi et sa gare de taxis frôlant l'hystérie en cette heure matinale. Nous longeons une ancienne voie ferrée colonisée par des petits commerces, des cabanes, de vieilles carcasses de voiture, cadavres désossés d'une vie sans bonté, sans pitié. Déjà le pont sur le Wouri. Enfin de pont, il ne reste plus rien, englouti par les eaux lorsqu'un camion chargé de kérosène explosa quelques mois auparavant. Premier barrage, le chauffeur est en confiance face aux militaires. Ça plaisante en pidgin. Nous passons sur des barges pour atteindre l'autre rive. Première, seconde, il embraye sec et reprend un rythme déraisonnable pour traverser ces forêts d'hévéas puis ces plantations de bananiers qui annoncent les premières pentes du Mont Cameroun.

Le hasard a voulu que je me retrouve avec quatre autres coureurs dans ce taxi. Sylvain, Rostand, Mvondo et Alain, fils de militaire et étudiant en chimie qui, apprenant que je suis Français, m'avoue porter aux nues le Général Leclerc. Parler du Mont Cameroun nous fait oublier le danger qui pèse sur nous. Notre chauffeur roule beaucoup trop vite et se permet des dépassements aux forceps. La musique gueule à fond. "Arrivé là haut, c'est pas la blague" répète Sylvain. "Au sommet, le vent est mélangé avec du gaz. C'est très très fort". Notre chauffeur quitte du regard la route pour se tourner vers nous : "Sarah, c'est une tricheuse. On envoie là haut des militaires. Si une fille passe avant, on lui jette de l'eau pimentée dans les yeux. Tant que Sarah ne passe pas, personne ne passe". A l'arrière, parler de Sarah déclenche les passions. Tous reprennent le jugement de notre chauffeur : "C'est une tricheuse".
Sarah Liengu Etonge a remporté sept fois la Course de l'Espoir. Alain, le plus posé de tous, me dit : "Sarah, elle est mythique". Il me parle aussi de ces coureurs qui mangent le coeur vif d'une hirondelle pour vaincre la peur et conquérir l'invincibilité. Seul revers à cette croyance ancestrale : "Ils ne doivent pas recevoir l'eau de la pluie, sinon, ils meurent". Je repense alors à Timothy Le Kunze, l'un des pionniers de cette course de l'Espoir, décédé en 1999. Alain m'avance comme raison de ce décès : "Pour gagner le Mont, il faut parfois pactiser avec le diable".

HUT TWO Le chemin de l'Espoir

Joseph Ademega est un vieux copain. Dans un Cameroun brutalisé par une corruption sans limite, c'est l'un de ces entraîneurs humbles et charitables qui ne triche pas avec la vie et ses devoirs de citoyen. Il m'a cherché une soirée durant dans Buéa nappé d'une chaleur douce pour me confier deux journalistes de TV2, la nouvelle chaîne de télé privée qui émet de Douala dans un immeuble rongé par la misère. "Peux-tu les prendre en charge ? Ils veulent monter à Hut 2, mais ils ne connaissent pas le chemin". J'ai répondu OK, rendez-vous 4h 30 à l'hôtel, en pensant secrètement, dicté par de vieux préjugés, qu'ils ne viendraient pas.

Le lendemain à 4h 30, Junior Kaparan et son cameraman m'ont fait mentir. On s'est regardés sous un néon tirant un trait de lumière sous le patio. Mes deux compagnons de cordée habillés comme pour présenter le JT avec chaussures vernies, jean bien repassé, chemisette branchée au col pointu amidonné et un beau sourire pour gommer une nuit sans dormir et un ventre creux. "Vous avez mangé ?". "Euh, non". "Vous avez à manger et à boire ?". "Euh non ?".
Nous sommes donc partis ainsi dans la nuit noire, rythmant nos pas sur nos souffles courts tant la pente est forte dès Prison Farm. Avec pour seuls écarts dans cette plénitude sombre et opaque, les bruissements discrets d'une faune déjà en éveil.
Nous avons ainsi croisé des gamins redescendant le volcan comme des feux follets après avoir porté des packs d'eau à Refuge One, puis des militaires appuyés sur le canon de leur vieux fusil et recroquevillés dans leur parka kaki. Mal réveillés et revêches : "Vous avez votre permis ?". Présents pour vérifier que la montagne n'a pas été fétichée.

Puis loin, j'ai braqué ma lampe sur un petit écriteau interdisant de prendre des photos dans cette forêt qui, telle une cathédrale de chlorophylle, vous écrase de tout son poids d'humidité. J'apprendrai que des totems sont cachés non loin, des lieux sacrés qui obligent au respect.

Le cameraman tombe cinq fois en glissant sur des racines protéiformes et lâche prise. Junior me demande de poursuivre seul ma route. J'abandonne ainsi mes compagnons que je ne retrouverai que le soir, les pieds meurtris, le col de chemise gondolant, le jean délavé et ce même sourire angélique qui ne calme pas les spasmes d'un ventre toujours creux. Junior me déclarant en se frottant les cuisses pour faire disparaître de terribles douleurs : "Maintenant, je sais pourquoi cette montagne est impitoyable. C'est enregistré dans mon corps".

Le Char des Dieux tel que l'on surnomme le Mont Cameroun se dévoile aux regards lorsque l'on s'extrait de cet empire végétal pour butter sur un mur de basalte. Le volcan est enfin là, vous écrasant de toute sa puissance tellurique. Un mur de silence, un mur de lumière sombre, un mur de désolation. En haut d'un promontoire, j'enveloppe une mama transie par un vent mordant d'un pagne que j'ai acheté la veille. Son mari écoute une petite radio crachotant en direct le déroulement de la course. Ils me proposent de partager une noix de cola. Prison Farm, les premiers passent. Refuge 1, les premiers passent. La rumeur monte jusqu'à nous portée par le vent qui taraude ce torrent de pierre ponce. Januarius Kinyung Bong est déjà en tête. Un débrouillard comme on dit ici. Un gars de l'Ouest qui ne vit que de petits boulots, ici et là, à côté de quelques lopins de terre cultivés pour faire bouillir le djama djama et le macabo. Le vent durcit, son souffle se perd, le bruit de ses pas aussi, crissant sur les scories, sa silhouette s'échappe. Sur cette terre de feu où l'altitude brûle le souffle et les entrailles, il construit sa victoire qui lui fera dire : "Cela fait un an que je ne dors plus en ne pensant qu'à cette victoire". Une victoire qui lui rapportera 5000 euros, une fortune pour ce modeste fermier.

Je croise Husman Loka Ngnaje. Rencontré la veille lors de la visite médicale, cet homme de 47 ans, qui avoue avec fierté avoir deux femmes et dix sept enfants, m'affirmait courir avec une petite trompette en corne offerte par son père. Un fétiche qui repousse les peurs, les doutes, les craintes. Je lui crie : "Tu as bien cette trompette ?" Pour seule réponse, Husman asphyxié par la pente, porte sa main à sa hanche gauche. Les Dieux veillent sur lui.

Stade Moliko
une leçon d'humilité

La montagne recrache ces hommes et femmes de ses entrailles. Ecrasés par la douleur, avilis par la souffrance. Dans la tribune, une brochette de ministres et de notables pincés et amidonnés reçoit une leçon d'humilité. Face à eux, la grosse caisse de la fanfare militaire rythme des foulées et des pas désarticulés. Un nain grimé fait le clown mais ne fait rire personne, un aveugle torse nu se tortille devant la tribune, on l'éjecte, un géant se désarticule les jambes et les bras pour ramper dans la poussière tel un boa. Le spectacle électrise une foule endimanchée que les militaires contiennent avec force.

Les coureurs se sont livrés une dure bataille. Sous la tente de la Croix Rouge, je pose plusieurs fois la question : "Vous aviez peur de la montagne". Ils répondent tous : "Non, c'est la montagne qui avait peur de nous". Ce sont des guerriers.

L'orage arrive alors avec une telle violence. Seuls les juges résistent à cette soudaine tornade pour accueillir ces coureurs décapés par la grêle cinglante. "Le Char des Dieux crache sa colère" m'explique-t-on. Je rencontre un notable de Buéa qui a interféré, la veille de l'épreuve, pour que ces premières pluies tropicales cessent de tomber. Il raconte : "Le président m'a dit "Il faut envoyer les féticheurs qui savent arrêter la pluie". Ce sont des hommes qui ne boivent pas d'eau mais uniquement du vin de palme. On les paie avec de l'huile, du bois, des noix de cola, du tabac. La veille, ils sont partis dans la montagne à proximité d'une source où les animaux viennent boire et ils ont fait brûler toute la nuit des branches et des herbes spéciales, sans dormir pour maintenir le feu".
Alain, le fils du militaire que je retrouve au stade complète l'histoire : "Les Dieux sont en colère. Ils ont déclanché l'orage car Sarah n'est pas passée au sommet en tête. Et cet orage s'est arrêté lorsqu'elle a franchi la ligne d'arrivée".

Je pars chercher Sarah, portée en liesse par une foule qui fait ventouse et qui ondule telle une méduse pour accompagner la "mythique" sous la tente de l'arrivée. Le stade est hystérique. La veille, les autorités locales ont inauguré au carrefour de Police Station, une statue en plâtre vernis pour honorer les résultats de ce petit bout de femme, veuve et mère de sept enfants. Elle me commente son résultat avec plus de réalisme que les histoires de fétichisme qui anesthésient les consciences et la pensée : "J'avais une fille à l'hôpital qui a dû être opérée. Je n'ai pas pu me préparer comme je le souhaitais car je n'avais pas l'esprit à cela. Vous savez, je suis d'abord une mère de famille. Je ne suis peut-être que quatrième mais je suis arrivée comme la première".

Une bombe tout de rose vêtue, du petit nœud dans les cheveux jusqu'au sac à main, passe devant moi. Elle marche en ondulant, écrasant ses talons vernis dans la boue. La foule se retourne, surtout les hommes. Un coureur en termine. Dossard 265. Un bonnet détrempé enfoncé jusqu'aux yeux creux comme des cratères. Un froc informe jusqu'aux genoux. Il a encore la force de jeter un regard à cette muse avant de tomber dans les bras d'un infirmier de la Croix Rouge. Un missionnaire d'une église protestante lui tend un papier dans les mains qu'il saisit par réflexe. Pour celui qui vient de vaincre modestement le "Char des Dieux", le message du flyer est imprimé en capital : "Connais-tu Dieu ?".

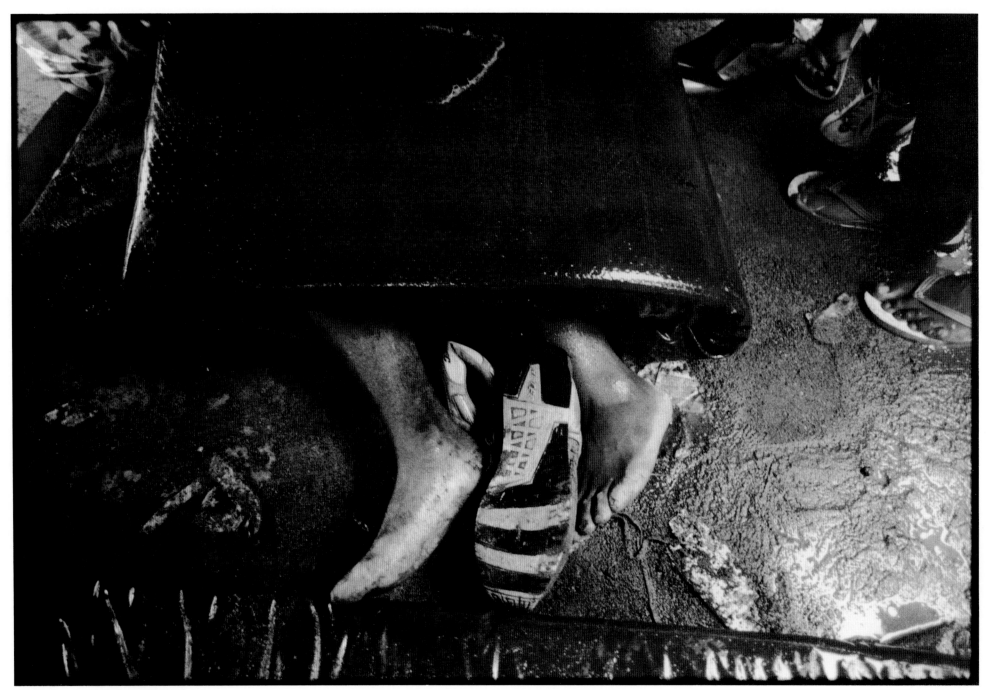

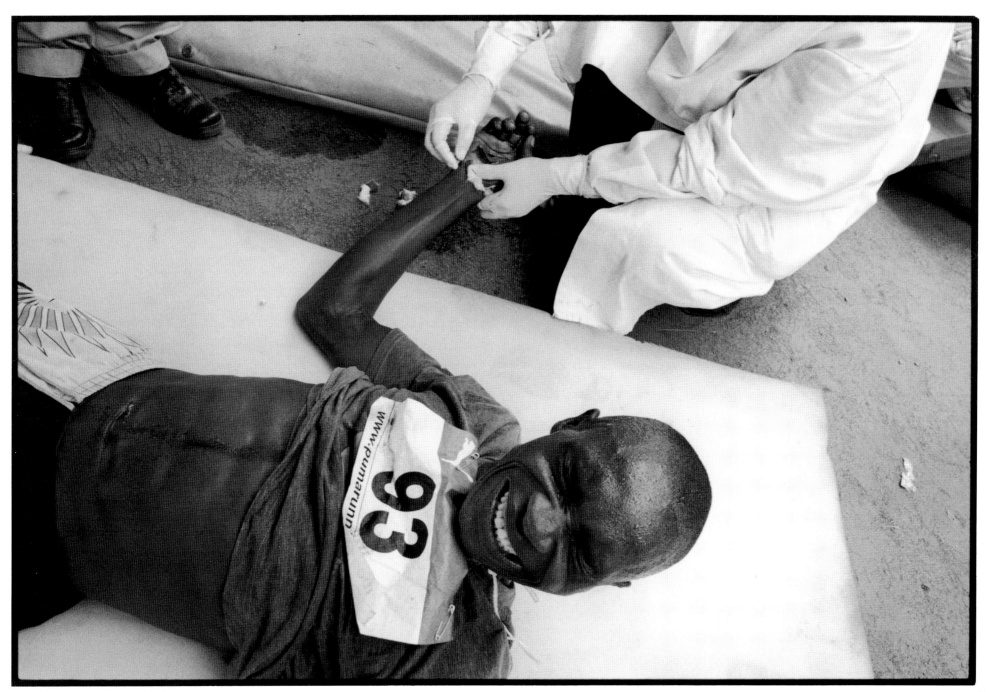

CAMEROON

A PACT WITH THE DEVIL

DOUALA, Central Roundabout

The night has not lifted its veil or its doubts. The night porter of my hotel warned me: "Don't get in between two people in the back seat of a taxi or they might rob you during the journey". Despite this recommendation, I walk alone in the night, light-heartedly looking for a taxi to take me to Buéa. Central Roundabout: the sound-level increases at the approach of these vehicles which carry nothing identifying them as official taxis. Limbé, Limbé, Limbé, Buéa Buéa, Buéa. It resonates in my not-yet-awakened head like a binary rhythm. The melody draws me into the headlights. "Where you goin' white man? Where you goin' white man?" "Buéa", I reply. "Buéa's this way". Somebody yanks me by the shoulder: I resist. "No, Buéa's this way". "Where you goin' white man?". I grab hold of a car door, clutching my bag tightly. Pulling my shoulder again, people offer me bananas, avocados, bread, hard-boiled eggs. "White man it's this way, White man it's this way". I stick my head into the back of the first vehicle where four people are already installed, curled up and squeezed in like toads. I get in the front and pay double for my long legs and my two bags. The driver is already nibbling cola nuts. He's stoned. I place my bag on my knees like an ephemeral air bag. It's illusory but in this kind of situation one sometimes clings onto stupid, self-defensive reflexes. Horns blare, youngsters tap on the bonnet, the driver lights a fag and starts the engine. Outside, the melody pursues me: "Limbé, Limbé, Limbé, Buéa Buéa, Buéa". We set off on the road to Buéa.

The reckless town of Douala stretches out in a giant shambles that the first rains have rinsed and scrubbed to the bone. It's glistening, leprous and syrupy. Bonaberi and its taxi-rank is already near-hysterical at this early hour. We drive alongside a former railway line colonised by little shops, cabins, old shells of cars, stripped-out corpses of a life without kindness or pity. Now the bridge over the Wouri. In fact, nothing remains of the bridge, swallowed up by the waters when a lorry loaded with kerosene exploded a few months previously. First roadblock, the driver is confident in dealing with the soldiers. They joke in pidgin. We cross on barges to reach the other bank. First, second, he rams the car into gear and takes off at a ridiculous speed through the hevea forests and then the banana plantations which announce the lower slopes of Mount Cameroon. Chance has it that I find myself with four other runners in the taxi. Sylvain, Rostand, Mvondo and Alain, soldier's son and chemistry student who, discovering that I'm French, admits to a quasi-devotion to General Leclerc. Talking about Mount Cameroon makes us forget about the danger hanging over us. Our driver is going much too fast and overtakes where there is barely space. The music blares out on maximum volume. "When you get there it's no joke" repeats Sylvain. "At the summit, the wind is mixed with gas. It's very, very strong". Our driver takes his eyes off the road to look at us: "Sarah is a cheat. They send soldiers up there. If a girl gets ahead, they throw spicy water in her eyes. Until Sarah goes past, no-one goes past". On the back seat, talking about Sarah unleashes passions. They all repeat the driver's judgement: "She's a cheat".

Sarah Liengu Etonge has won the Race of Hope seven times. Alain, the most level-headed of the four, says: "Sarah is mythique". He also tells me about runners who eat the live heart of a swallow in order to vanquish their fear and make themselves invincible. The only downside of this ancestral belief: "They mustn't receive any rainwater otherwise they'll die". This makes me think of Timothy Le Kunze, one of the pioneers of the Race of Hope, who died in 1999. Alain's theory about this death: "To win on the mountain, you sometimes have to make a pact with the devil".

HUT TWO, the route of Hope

Joseph Ademega is an old friend. In a Cameroon brutalised by limitless corruption, he's one of those humble and charitable trainers who doesn't cheat on life or his duties as a citizen. He sought me for an entire evening in Buéa, which was cloaked in a soft heat, in order to entrust to me two journalists from TV2, the new privately-run television channel which broadcasts from a building worn away by poverty in Douala. "Can you take care of them, they want to go to Hut Two, but they don't know the way". I said OK, rendez-vous at 4h 30 at the hotel, thinking secretly to myself – motivated by old prejudices – that they wouldn't show up. The next morning at 4h 30, Junior Kaparan and his cameraman gave me the lie. We looked at each other by the neon which drew a line of light under the patio. My two companions were dressed as if they were going to present the 9 o'clock news with polished shoes, well-ironed jeans, trendy short-sleeved shirts with pointed, starched collars and wide smiles to make up for a sleepless night and an empty stomach. "You've eaten?". "Er, no". "You've got food and drink with you?". "Er, no". Thus we set off in the black night, the rhythm of our steps matching our short breaths, so steep is the slope above Prison Farm. And the only disturbance in this opaque, dark richness is the discreet rustling of animals already awake.

We passed kids coming back down the volcano like will-o'-the-wisps after having carried packs of water to Refuge One, then soldiers leaning on the muzzles of their old rifles and curled up in their khaki parkas. Half-awake and surly: "Have you got your permit?". There to make sure that the mountain had not been bewitched.

Further on my torch lit up a little sign forbidding the taking of photographs in this forest which, like a chlorophyll cathedral, crushes you under the weight of its humidity. I learned later that totems are hidden not far away, sacred places which oblige respect.

The cameraman falls five times, slipping on protean roots, and gives up the climb. Junior asks me to continue alone. Thus I abandon my companions who I only see again in the evening, feet covered in bruises, shirt collars crinkled, jeans faded and the same angelic smile which no longer dominates the spasms of still-empty stomachs. Junior declares, rubbing his thighs to try to get rid of the terrible pains: "Now I know why this mountain is called merciless. It's imprinted in my body".

The Chariot of the Gods, as Mount Cameroon is nicknamed, only reveals itself when one finally emerges from the realm of the vegetation to come up against a wall of basalt. The volcano is finally there, crushing you with all its telluric force. A wall of silence, a wall of sombre light, a wall of desolation. At the top of a promontory, I wrap a woman, chilled to the bone by a biting wind, in a garment that I had bought the previous day. Her husband is listening to a little radio that crackles out the progress of the race as it happens. He offers to share a cola nut with me. Prison Farm, the first runners pass. Refuge One, the first runners pass. The rumour reaches us, carried by the wind that batters the pumice wall. January (the name of a runner) is already in the lead. A smart guy, as they say here. A guy from the west who lives from odd jobs here and there as well as a few patches of land cultivated to produce arrowleaf and djama djama. The wind strengthens: his breath can no longer be heard, neither can his feet, crunching on the clinker; his silhouette disappears. On this fiery earth where the altitude burns the breath and the entrails, he achieves a win which will lead him to say: "I haven't slept for a year for thinking of this victory". A victory which will bring him 5,000 euros: a fortune for this small farmer.

I pass Husman Loka Ngnaje. When I met him the previous day during the medical check-up, this 47-year-old, who admits with pride to having two wives and seventeen children, told me that he runs with a little horn trumpet given to him by his father. A fetish which banishes fear and doubt. I shout to him: "Still got the trumpet?". Husman's only response, asphyxiated as he is by the slope, is to tap his left hip. The Gods are watching over him.

STADE MOLIKO, a lesson in humility

The mountain spits out men and women from its entrails. Crushed by pain, demeaned by suffering. In the grand-stand, a bunch of starched ministers and VIPs receive a lesson in humility. Opposite them, the bass drum of the military brass band gives the rhythm for runners who can no longer put one foot before the other. A dwarf in make-up plays the clown but doesn't make anybody laugh, a bare-chested blind man wriggles in front of the grandstand and is thrown out, a giant does contortions with his arms and legs to crawl through the dust like a boa-constrictor. The spectacle electrifies the Sunday-best crowd that the soldiers have difficulty controlling.

The runners have fought a hard battle. In the Red Cross tent, I ask of several of them: "Were you frightened of the mountain?". They all answer: "No, it was the mountain that was frightened of us". These are warriors.

A thunderstorm bursts with a rare violence. Only the judges resist this sudden tornado to welcome the runners scoured by the driving hail. "The Chariot of the Gods is spitting out its anger", someone explains to me. I meet a worthy from Buéa who had intervened, the day before the race, in order to stop these first tropical rains from falling. He recalls: "The President said to me, 'You must send fetishers who know how to stop the rain'. They are men who don't drink water but only palm wine. They are paid in oil, wood, cola nuts, tobacco. The day before, they set off onto the mountain near to a spring where the animals come to drink and they burnt branches and special herbs all night, staying awake to keep the fire going".

Alain, the soldier's son, who I meet again at the stadium, finishes the story: "The Gods are angry. They set off the thunderstorm because Sarah wasn't first to reach the summit. And the storm stopped as soon as she crossed the finishing line".

I set off to find Sarah, carried in jubilation by a crowd which presses round her and undulates like a jellyfish to accompany the "mythique" to the arrivals tent. The stadium is hysterical. The day before, at the Police Station crossroads, the local authorities inaugurated a statue in varnished plaster in honour of the results of this little woman, widow and mother of seven children. She comments on her result with more realism than the stories of fetishism which anaesthetise consciences and thought: "I had a daughter in hospital who had to undergo an operation. I wasn't able to prepare as I would have liked because I didn't have my mind fully on the task. You know, I'm first and foremost a mother. I might only have finished fourth but I arrived feeling like the winner".

A beauty, all dressed in pink from the bow in her hair to her little handbag, passes in front of me. She walks with a wiggle in her hips, stabbing her shiny high heels into the mud. The crowd turns to watch, particularly the men. A runner arrives at the finishing line. Number 265. A soaked hat pulled down to his eyes, hollow as craters. Shapeless shorts flapping around his knees. He still has the strength to look at the pink vision before falling into the arms of a Red Cross nurse. A missionary from a Protestant church offers him a paper which he takes in a reflex action. For someone who has just modestly vanquished the "Chariot of the Gods", the message on the leaflet is printed in capitals: "Do you know God?".

DEMAIN, C'EST LA ST VALENTIN

Dans la salle d'embarquement pour le vol sur Entebbe, je rêvassais, me laissant envahir par une douce léthargie, aspiré par les premières chaleurs du matin, dorloté par un brouhaha sourd animé par le groupe de reggae Ougandais Madoxx, impatient de rentrer au pays, après un long séjour en Scandinavie. Je sortais de cette torpeur lancinante lorsque Jean Baptiste pointa son index sur mon genou et me pousse du coude. Je vacillai de mon siège. Je soulevai une paupière pour l'entendre dire de ce ton posé et courtois propre au diplomate africain : "Regarde cette femme, elle travaille pour les Nations Unis et se rend à la même conférence internationale que moi. Regarde, elle voyage en première classe alors qu'elle n'en a pas le droit. Tu voulais un exemple de corruption au sein des Nations Unis et bien voilà, tu en as un sous les yeux."

Nous venions de passer la nuit côte à côte sur le même vol à destination de l'Afrique des Grands Lacs. J'étais plongé dans la lecture de Courrier International. Mon voisin m'abordait ainsi : "Vous êtes Francophone ?". Les présentations furent simples. Lui, l'ancien Sankariste qui avait épaulé Thomas Sankara dans sa conquête du pouvoir au début des années 80, puis diplomate en mission à Kigali peu après le génocide rwandais et désormais conseiller technique auprès du président de la République du Burkina Faso. La nuit avait été courte car nous avions refait le monde ou, plus humblement, nous avions tiré sur quelques vieilles ficelles et donné quelques coups de canifs pour tenter de mettre à nu comme on épluche un fruit trop mûr, quelques réponses toutes faites à des questions sans fin. Pêle mêle, nous avions évoqué la montée de l'Islam en Afrique Sahélienne, le recours au coton transgénique pour les paysans burkinabés, la mémoire vivante de Thomas Sankara et la corruption des élites africaines ou d'organismes tels que les Nations Unis. Jean Baptiste Natama, cinglé dans un impeccable costume gris cendré de bonne facture, les deux mains jointes près des lèvres, ne montrait en aucun point dans ses propos, cette résignation qui peut affecter une pensée occidentale fataliste.

"Voilà contre quoi l'Afrique doit combattre", me glissait dans l'oreille Jean Baptiste. Dans cette salle d'embarquement, cette femme d'origine malienne, haut-fonctionnaire aux Nations Unis, occupait un espace anobli par son rang, entourée et courtisée par de jeunes fonctionnaires prétentieux. "Voilà pourquoi il faut parfois à l'Afrique des hommes forts, pour combattre ces dérives, pour installer progressivement la démocratie et imposer un sens du devoir d'Etat. En cela, l'Ouganda de Museveni est un bon exemple. Je te laisse le soin de découvrir cela lorsque tu arriveras à Kampala. Tu verras, les Ougandais sont sur la bonne voie."

Une grande heure plus tard, les rues de Kampala, la capitale de l'Ouganda, m'absorbaient comme seule une capitale africaine peut le faire. Dans la voiture me conduisant au coeur de la cité, slalomant tant bien que mal au milieu des taxi vélos, je repensais à la dernière phrase de Jean Baptiste : "Les Ougandais sont sur la bonne voie." En visionnant en accéléré ces mouvements de rues bouillonnants, me laissant submerger par ce déséquilibre indéfinissable, par cette misère qui semble se complaire dans l'anarchie, je n'étais pas certain de partager le même avis que Jean Baptiste. Nous n'avions peut-être pas les mêmes échelles de valeur pour juger de l'état de développement d'un pays.

J'avais une vision assez mal définie de ce pays coincé entre des Etats déchirés par les guerres tribales. Le néo-Congo de Kabila à l'ouest, le Soudan Islamiste abritant les rebelles de la LRA opposés au président Museveni, au nord, le Rwanda aux larmes de sang à peine asséchées, au sud, cette mer intérieure qu'est le lac Victoria qui a avalé dans ses profondeurs comme un puits sans fond plus d'un espoir de paix. Voilà la position stratégique d'un pays jouant depuis plus d'une décennie le gendarme de l'Afrique des Grands Lacs.

Après tant d'errances et de conspirations sanguinaires, pour que s'installe enfin un début de démocratie parlementaire, cette stabilité sociale et la mise en place d'une petite économie de marché ont été des facteurs déterminants pour expliquer l'émergence d'un athlétisme embryonnaire remarqué à l'occasion des championnats du monde de cross. On ne vient pas semer et récolter dans le jardin voisin des Kenyans sans avoir préparé une équipe juniors, quatre fois médaillée de bronze aux côtés des Kenyans et des Ethiopiens.
Si des éléments de réponse existaient, seuls les championnats de cross organisés à Kasese, une bourgade endormie à la frontière de l'ex Zaïre, pouvaient en être le témoin légitime.

"Demain, c'est la St Valentin." A tous les carrefours, à tous les ronds points, des banderoles ont été dressées pour annoncer la fête des Amoureux. "Don't miss", "Lovers show". Kampala, sept heures du matin, la pollution s'accroche déjà aux minarets de la mosquée et à la coupole de l'église apostolique. C'est dans cette brume épaisse comme une soupe de tapioca que je reconnais l'Afrique. Les interminables embouteillages, les "cargos handler" ces pousse-poussiers à vélo acheminant vers le Nakasero Market les premières denrées fraîches, les écoliers en costume, le commerce vital qui s'éveille.
Pour rejoindre Kasese, j'acceptais la proposition d'un instituteur, de partager le voyage en matatu avec les élèves qu'il entraîne au lycée Standard High de Kampala. Nous nous étions entassés à quinze, onze coureurs, Godfrey Nuwagaba l'instituteur, Norman Katende, un ancien boxeur reconverti dans le journalisme sportif au New Vision, un chauffeur taciturne et moi-même. Neuf heures de voyage se présentaient à nous pour rejoindre la frontière congolaise.

Nous avons ainsi dévalé ce long ruban d'asphalte qui déchire la forêt comme une interminable cicatrice puis taillant droit dans une savane déprimée, livrée aux feux de brousse repoussant les troupeaux d'antilopes près des routes. L'Ouganda s'offre à nous dans son ordinaire. Rapport physique. A mes côtés, Godfrey n'arrête pas de refaire ses comptes. Il me tend son petit carnet. Je refais l'addition, le voyage à Kasese pour onze athlètes va lui coûter 490 000 shillings. Je lui demande : "Avez-vous des aides de la fédération, du collège, d'un sponsor ?".

Godfrey prend ce petit sourire résigné que je vais apprendre à connaître : "Non, c'est moi qui finance de ma poche." En me désignant du doigt l'un de ces porteurs de bananes qui trompent la mort en dévalant la route sur leur vélo chinois chargé plus que de raison, il me dit : "Tu sais combien il gagne lui par jour à transporter jusqu'à 80 kilos de matoké sur son vélo. Allez, entre 3000 et 7000 shillings selon les bons jours." Je comprends alors pourquoi les haltes sont longues. Godfrey ne marchande pas pour le plaisir. Ce n'est pas un jeu. Nous nous arrêtons au bord du lac Victoria pour acheter de grosses carpes gluantes, fraîchement pêchées. 10 000 shillings, c'est trop cher, le temps passe, le prix ne baisse pas, nous repartons. Lorsque nous franchissons l'Equateur matérialisé par une ligne blanche barrant la route, nous stoppons pour négocier des brochettes de porc et des bananes grillées sur la braise. Godfrey sort les billets délicatement comme une cartomancienne en plein tour de carte. Un gamin nous apostrophe. Il se tient droit au pied d'une petite balance. Pour 500 shillings, il nous propose de nous peser. C'est irréel.

Pour tuer le temps, je propose de faire remplir un petit questionnaire à tous les coureurs. Pour mieux les connaître. Cela anime le voyage. Je me laisse porter de longues minutes par une agitation joyeuse qui ébranle notre convoi. J'aime entendre le swahili, cette langue si pointue, gaie, claquante, parfois lyrique lorsque les altercations montent dans les aigus. Hilda et Dorreen, les deux gamines du groupe, perdent un instant leur timidité. Ils ont tous entre 14 et 20 ans, encore lycéens à la Standard High School et originaires du monde rural, des parents paysans, sans terre, vivant pour certains en autosubsistance. A la question : "Quelle est la chose la plus importante dans la vie ?" Ils n'ont pas besoin de regarder par-dessus l'épaule du voisin pour répondre unanimement : "L'argent." A la question : "Quel est votre principal objectif dans la vie ?" Ils expriment tous le voeu de "Courir dur et gagner de l'argent."

Le voyage s'étire comme les sillons tracés au millimètre délimitant ces champs de thé que nous traversons. La montagne s'offre à nous constellée de lacs aux eaux vertes comme la peau d'un iguane, avant que nous basculions à nouveau dans une savane arborescente dominée par la chaîne du Rwenzori qui s'échappe des brumes de chaleur. Kasese est enfin là, plongée dans une lumière blafarde. Une modeste bourgade qui a sombré dans une désuétude poussiéreuse lorsque la mine de cuivre et de cobalt de Kilembe a fermé ses portes il y a dix ans de cela. Arrêté devant le Moonlight Lodge, Godfrey négocie le prix des chambres d'un hôtel pouilleux et bruyant. Il me dit : "Pour ces jeunes, c'est déjà un luxe car chez eux, ils ont l'habitude de vivre dans une seule pièce commune à dix ou douze personnes ensemble." L'installation se fait vite. Tous n'ont qu'un petit sac de fortune contenant un short, un maillot et un carré de savon antiseptique. C'est tout.

Avant que la nuit tombe et que Kasese s'anime autour de quelques bars hurlant de la rumba Zaïroise, nous nous retrouvons dans la grande salle de restaurant. Godfrey a commandé des chapatis et du thé au lait. Je fais rire la troupe réunie autour d'une grande table lorsque je leur dis : "Demain, ce sera le cross du bout du monde." J'ai besoin d'expliquer ce que j'éprouve car personne ne comprend ce sentiment d'éloignement qui m'affecte. Nous commentons la petite affichette collée au mur annonçant ce championnat national de cross. Une serveuse moulée dans un bustier plaqué se penche au-dessus de Boniface Kiprop : "Oh, tu es Boniface." Ils échangent quelques mots en swahili. Lui reste impassible, sa bonne bouille rieuse, ses doigts si fins qu'il passe sans cesse sur son crâne lisse et rasé. Boniface n'a que 19 ans mais c'est le leader du groupe. Sa médaille de bronze puis sa médaille d'argent acquises chez les juniors lors des deux derniers championnats du monde de cross lui donnent ce statut et laissent deviner le début d'une structuration de l'athlétisme ougandais.

Qu'en-est il vraiment ? La réponse de Godfrey est simple. Assis en face de moi, il prend son temps pour m'expliquer, entre deux bouchées de chapati que : "Non, il n'existe rien de construit. Et ne cherchez surtout pas à nous comparer au Kenya parce que nous avons enregistré quelques résultats. Ici, ce n'est le fait que de quelques individualités qui mettent la main à la poche pour assouvir une passion. Pour ma part, je me suis lancé en 1997 dans cette démarche avec le soutien de mon directeur. Comme au Kenya, j'ai commencé à recruter en offrant des scolarités. En cherchant du côté de Kapkoros, de Kapchorwa et de Bukwa, le village de Kiprop, à la frontière du Kenya au pied du Mont Elgon sur les hauts plateaux. C'est là aussi que j'organise avant chaque championnat de cross, un stage en altitude. J'achète la nourriture et le père de l'un des coureurs est chargé de surveiller le groupe. Tous ceux qui sont ici autour de cette table sont originaires de ce coin."

Boniface Kiprop a ainsi ouvert les premiers horizons pour un athlétisme naissant, décadenassant les codes tribaux et conventions rigides du monde rural comme on écarte les barreaux d'une prison. Les premiers pas de Godfrey ne furent pas des plus faciles pour convaincre ces pères de famille que la course à pied pouvait être un facteur d'ascension sociale. "La vie est déjà assez difficile pour eux dans les campagnes, alors comment leur faire comprendre qu'ils peuvent se battre en courant pour s'en sortir ? Lorsque Boniface a remporté ses premières primes, je me suis de nouveau rendu dans la famille pour que celle-ci fasse un bon usage de l'argent. Ils ont dans un premier temps construit une petite maison car ils n'avaient rien. Ils étaient vraiment très pauvres. Tout le monde dormait dans la même pièce puis ils ont acheté quatre vaches et dernièrement un pick up. N'y-a-t-il pas plus bel exemple pour que derrière, les gamins fassent de même ?"

Le soir après le repas, nous avons couché ces jeunes athlètes comme on borde un enfant, tous calfeutrés sous une moustiquaire crasseuse. Puis dans la nuit sucrée et paisible, nous avons fait la tournée des bars pour échouer au White House, devant une bière locale. Dès l'entrée, des gardes armés veillent à la sécurité, un gros fusil à canon court posé sur l'épaule. Dans une grande salle, des hommes esseulés se gavent de foot devant un poste de télé planté au plafond. Nous parlons de cette Fédération Ougandaise qui ne vit que d'aumône, de cet athlétisme ramasse miettes, sans entreprises locales pour investir dans le sport, une fédération qui doit se satisfaire des 15 000 $ versés chaque année par l'IAAF.
Il est près de minuit lorsqu'un gros bus se gare devant le portail du lodge, lâchant une vingtaine de coureurs à la recherche d'une chambre après 48 heures de bus harassantes. Pour eux, la nuit sera courte.

La voix nasillarde du muezzin appelant à la première prière de la journée réveille Kasese enveloppée d'une lumière orange. Au loin, le Rwenzori garde jalousement ses sommets enneigés planqués sous une épaisse brume. Le terrain de cross, ancien golf en rénovation, s'étale au pied de cette montagne chatouillant les démons africains à plus de 5000 mètres d'altitude. Admirable paysage de savane. Peut-il y avoir plus beau terrain de cross que celui-ci ? A mes yeux, non. Je reste un long moment contemplatif devant ce décor qui s'évanouit dans une teinte blafarde, délavant toutes les teintes du vert au jaune pastel.

Beatrice Ayikoru s'est levée tôt ce matin. Secrétaire de la Fédération, elle a déjà installé son accueil sous un gros arbre. A ses côtés, une maman donne le sein à un bébé. Un grand père s'est avachi dans un fauteuil barrant le passage à la table où se distribuent les dossards en tissu ayant servi plus d'une fois. Une épingle par personne pas plus.

Il en faudrait beaucoup plus pour désarmer Béatrice de son sourire immuable. Elle virevolte de sa fine silhouette au-dessus des problèmes qui ne cessent de déferler. Déjà une heure trente de retard sur l'horaire et aucun départ n'a été donné. Deux gamins sont encore à taillader au coupe coupe deux longs poteaux susceptibles de tenir une banderole qui, en final, ne sera jamais dressée. Beatrice prend le temps de dire : "J'aime les challenges." On veut bien la croire.

L'hymne national a été joué depuis longtemps. Politiciens locaux qui attendent le temps des discours ennuyeux comme des mélopées bouddhistes, officiels et athlètes au garde à vous pour écouter la prière du curé, rien n'y fait, aucune course n'est lancée. L'attente. On explique aux gamines en jupettes comment partir. "Vous écoutez cinq, quatre, trois, deux, un et c'est à ce moment là que vous partez." Beatrice Ayikoru ne laisse pas dilapider son ardeur même s'il faut tout expliquer, tout réexpliquer : "Il y a même des instituteurs qui conseillent à leurs élèves de courir le dossard entre les dents pour purifier l'air, pour avaler moins de poussière. Bon ça c'est un exemple mais vous n'avez pas vu comment un instit enseigne le triple saut dans notre pays. Ils ont chacun leur propre méthode. Pour certains, c'est même trois sauts à pieds joints. C'est un désastre. Alors vous voyez le travail qu'il nous reste à faire."

L'attente. Sous un arbre, Rehema Apio a conseillé à son petit groupe de tuer le temps, en restant sagement allongé. Des gamines se trémoussent au son d'un calypso diffusé par une sono installée sur un camion. Elle aussi s'est tapée deux jours de bus pour venir de Lira, un gros bourg du Nord Ouganda où elle enseigne dans un collège du secondaire. Elle aussi a payé de sa poche le déplacement. Entraîneur Degré 2 IAAF, elle a réussi à constituer un petit groupe de neuf athlètes, quatre garçons et cinq filles arrachées au monde rural : "Les filles, elles me disent tout le temps : "A la maison, on doit tout faire alors on est trop fatiguées pour courir." Alors je leur réponds : "Mais regardez-moi, je me suis accrochée pour devenir une athlète et maintenant, je suis une enseignante." La culture de l'exemple. Je lui demande : "Qu'espérez-vous pour aujourd'hui ?". Elle me répond : "Rentrer à Lira avec un trophée."

"Cinq, quatre, trois, deux, un…" le premier départ est donné après que le président de la Fédération portant fièrement une chemise siglée "Paris 2003" ait abaissé le drapeau national. Le programme a déjà deux heures de retard. Un Blanc, portant sa déprime coloniale sur un visage rongé par une Afrique dévoreuse d'âme, m'apostrophe : "Ah, ils n'ont que trois heures de retard. C'est ça l'African Time." Je déteste la détresse et la mélancolie imbibées. Je ne réponds pas.

Les courses se succèdent. Enfin. Longue, longue introspection d'un cross se déroulant à la perpendiculaire d'un soleil impitoyable. Les arrivées se succèdent elles aussi. Souvent dans la souffrance. Des syncopes, des évanouissements. "First aid, first aid", crie un petit secouriste maigrichon perdu dans une blouse trop grande. Le blessé tressaute à ses pieds. Il tremble, il bave, les yeux révulsés. Le public apostrophe le secouriste : "Mais qu'est ce que tu fais ?". Il répond : "Mais laissez-moi faire, first aid, first aid." Puis il empoigne le corps désarticulé pour le jeter lourdement sur la plate-forme d'un camion. Dans l'attente du chauffeur, des femmes ont cueilli des branches d'arbre qu'elles agitent au-dessus du blessé en remuant un air chaud comme soufflé par un sèche-cheveux. L'homme tremble toujours et râle. Le camion démarre enfin pour l'hôpital.

L'aisance de Boniface Kiprop nous fait oublier le temps s'étirant comme une nuit funèbre. Alex Maringa est second. Les deux hommes s'embrassent sous le regard de Godfrey Nuwagaba qui a rempli son contrat. Il me prend par l'épaule : "Alex, si je n'avais pas été là, jamais il ne serait jamais devenu ce qu'il est. C'est moi qui l'ai emmené courir le marathon de Mombasa. On y est allés tous les deux en bus, en traversant tout l'Ouganda et tout le Kenya et on a dormi dans des tous petits hôtels pour dépenser le moins possible. Mais au retour, avec sa prime gagnée, il avait de quoi s'acheter un véhicule pour débuter un commerce."

Un athlétisme de bout de ficelle, Beatrice Ayikoru n'a pas honte de ce manque de moyens. Alors que le cross est terminé et qu'est venu le temps des discours, elle me retient : "J'ai l'impression que vous n'aimez pas ce genre de cérémonie. Mais il faut savoir qu'ici, les politiciens ont très peu d'occasions de s'exprimer. Il ne se passe pratiquement jamais rien. Alors ils en profitent." Le sport passe ainsi au second rang des préoccupations dans un monde rural où le prix de vente du coton semble plus important à défendre que les valeurs du sport. Béatrice poursuit : "Il ne faut surtout pas nous comparer au Kenya, même si la plupart de nos coureurs vient de la même ethnie que les coureurs kenyans. Le Kenya a bénéficié d'une stabilité politique après son indépendance alors que nous, la dictature imposée par Idi Amin Dada a ruiné notre pays. La médaille d'or de John Akii Bua en 1972 aurait pu avoir le même effet que celle de Kip Keino au Kenya, mais avec la guerre civile, ce phénomène n'a pas joué en faveur du développement de l'athlétisme. Voilà pourquoi, on fait un complexe vis à vis du Kenya, même si c'est un modèle pour nous."

Le soir, de retour au Moonlight, la troupe de Godfrey est joyeuse. On mange un poulet bouilli baignant dans un jus de pomme de terre et de tomate. Godfrey me montre le contrat que Boniface a signé avec la marque internationale Puma. Les zéros et les zéros s'alignent pour des sommes en dollars à enivrer le petit peuple. Il me dit : "Boniface, il ne doit pas rater cette chance." A mes côtés, une jeune fille s'est assise sur une banquette. Elle plie délicatement un petit mouchoir brodé avec des coeurs rouges. Je lui demande : "C'est pour votre chéri ?". Elle se retourne et me dit : "Oui, car demain, c'est la St Valentin." Boniface regarde la scène. Pour lui, le temps des amours attendra.

Boniface Kiprop à droite.

TOMORROW IS ST VALENTINE'S DAY

I was daydreaming in the boarding lounge for the Entebbe flight, letting a gentle kind of lethargy sweep over me, encouraged by the first heat of the morning and the muted hub-bub coming from the Ugandan reggae group Madoxx, impatient to get home after a long tour of Scandinavia. I came out of my nagging torpor when Jean Baptiste tapped my knee with his index finger. At the same time he dug his elbow into my ribs so that I swayed on my seat. I opened an eyelid to hear him say, in that calm, courteous voice that belies the African diplomat: "Look at that woman: she works for the United Nations and she's going to the same international conference as me. Look, she's flying first class even though she doesn't have the right to. You wanted an example of corruption in the United Nations, well there you are, right in front of you."

We had just spent the night side by side on the same flight to the Great Lakes region of Africa. I was deep in Courrier International when my neighbour asked: "You speak French?". The introductions were simple. He had been a former supporter of Thomas Sankara during the latter's quest for power in the early '80s, had then been a diplomat in Kigali shortly after the Rwandan genocide and was now a Technical Adviser to the President of Burkina Faso. The night seemed short because we put the world to rights, or, more humbly, chewed the fat and trimmed some of it away, as one peels an over-ripe fruit, to try to find a few ready-made answers to unanswerable questions. Our totally unstructured conversation evoked the rise of Islam in Sahelian Africa, the fact that farmers from Burkina Faso were resorting to transgenic cotton, the living memory of Thomas Sankara and the corruption of African elites and organisations like the United Nations. Not once while he spoke did Jean Baptiste Natama, done up in an impeccably well-cut ash-grey suit, hands joined together in front of his mouth, reveal that kind of resignation sometimes favoured by fatalistic Western thinking.

"This is what Africa has to fight against", Jean Baptiste whispered into my ear. In the boarding lounge, the woman from Mali, a senior United Nations official, sat like a potentate, surrounded and fawned upon by young, pretentious civil servants. "That's why Africa sometimes needs strong men, to combat these excesses, to progressively establish democracy and to impose a sense of duty towards the state. For that, Museveni's Uganda is a good example. I'll leave you to find out for yourself when you arrive in Kampala. You'll see, the Ugandans are on the right track".

More than an hour later in the streets of Kampala, the Ugandan capital drew me in as only an African capital can. In the taxi taking me to the heart of the city, slaloming as best it could between cycle-taxis, I thought again of Jean Baptiste's last words: "The Ugandans are on the right track". Looking at the teeming streets as if through a speeded-up camera, letting myself be submerged by this indefinable imbalance, by the poverty which seemed to revel in anarchy, I wasn't sure that I shared Jean Baptiste's opinion. Perhaps we didn't have the same scale of values when it came to judging the degree of development of a state.

I had a poorly-defined idea of this country, hemmed in by states torn apart by tribal wars. Kabila's neo-Congo to the west, Islamic Sudan, harbouring the LRA rebels opposed to President Museveni, to the north, Rwanda, it's tears of blood barely dry, to the south and the inland sea of Lake Victoria, whose depths like a bottomless well have swallowed more than one hope of peace, to the southeast. This is the strategic position of the country that has played the role of gendarme in the Great Lakes region of Africa for more than a decade.

After so many tergiversations and bloody conspiracies, in order that the beginning of parliamentary democracy could finally be established, a measure of social stability and a fledgling market economy were the determining factors that explain the emergence of an embryonic athletics movement, noticed at the world cross-country championships. You don't sow and reap in the garden of neighbouring Kenya without having prepared a junior team, four times bronze-medallists alongside the Kenyans and Ethiopians. If the answers exist, only the cross-country championships organised at Kasese, a sleepy town at the frontier of the ex-Zaire, would reveal them.

"Tomorrow is St Valentine's Day". At every crossroads, every roundabout, banners have been put up to announce the lovers' fête. "Don't miss", "Lovers' Show". Kampala, seven a.m., the pollution is already clinging to the minarets of the mosque and to the cupola of the Apostolic church. It's this smog, thick as tapioca soup that tells me I'm in Africa. The interminable traffic jams, the "cargo-handlers" – bikes pushed because they are overloaded – carrying the first fresh produce to Nakasero market, schoolchildren in uniform, small shops waking up.

I accepted the offer from a teacher to share the trip to Kasese in a matatu with the pupils he trains at the Standard High School in Kampala. There were fifteen of us squeezed in: eleven runners, Godfrey Nuwagaba the teacher, Norman Katende, a former boxer-turned-sports journalist with the New Vision, a taciturn driver and myself. We had a nine-hour trip before us to reach the Congolese border.

Thus we hurtled along the long ribbon of tarmac that cuts through the forest like an interminable scar before heading straight across a morose savannah where bush fires push herds of antelopes close to the road. Uganda revealed itself in its everyday clothes. A physical relationship. Next to me, Godfrey keeps re-calculating his accounts. He hands me his little notebook. I check the addition: the trip to Kasese for 11 athletes is going to cost 490,000 shillings. I ask him: "Do you get grants from the Federation, from the school, from a sponsor?". Godfrey gives the tight, resigned smile that I'm going to get to know well: "No, it'll come out of my own pocket". Pointing to a man risking death on the road with a Chinese bicycle heavily overloaded with bananas he says: "Do you know how much he earns for transporting up to 80 kilos of matoke on his bike? Between 3,000 and 7,000 shillings on a good day". I understand now why our halts are long. Godfrey doesn't bargain for pleasure. It's not a game. We stop on the shore of Lake Victoria to buy big, slimy, freshly caught carp. 10,000 shillings – too expensive – the time passes – the price doesn't drop – we continue our journey. When we cross the equator, marked by a white line across the road, we stop to negotiate for pork kebabs and bananas grilled on the embers. Godfrey takes out his banknotes delicately, like a fortune-teller in full swing. A youngster calls to us. He's standing beside a small set of scales. For 500 shillings he offers to weigh us. It's unreal.

To pass the time, I suggest that all the runners should fill in a little questionnaire. To get to know them better. It cheers up the journey. I let myself be carried along for long minutes by a happy bustle that livens up our convoy. I like hearing Swahili, it's so precise, gay, clicking, sometimes lyrical when the altercations push the voices up high. Hilda and Dorreen, the two girls in the group, lose their shyness for a moment. They're all between 14 and 20 years old, still students at Standard High School and from rural origins, their parents farmers but without their own land, in some cases barely eking out a subsistence. In answer to the question: "What is the most important thing in life?", they don't need to look at their neighbour's questionnaire to respond unanimously: "Money". To the question: "What is your main objective in life?", they all express the desire to: "Run fast and earn money".

The journey stretches on like the perfectly-aligned furrows in the tea fields that we cross. The mountains greet us, studded with the lakes of Nyungu volcano, their waters green as an iguana skin, before we plunge back into a wooded savannah dominated by the Rwenzori mountains rising above the heat haze. At last, Kasese, enveloped in a pale light. A modest town which fell into a dusty desuetude when the Kilembe copper and cobalt mine closed its gates ten years ago. In front of the Moonlight Lodge, Godfrey negotiates the price of the rooms in the seedy, noisy hotel. He says: "For these youngsters, this is luxury because they're used to living ten or twelve together in a communal room". We settle in quickly. They are only carrying makeshift bags containing a pair of shorts, a running vest and a cake of antiseptic soap. Nothing else.

Before nightfall, and before Kasese comes to life around a few bars blaring out Zairian rumba, we meet in the big restaurant. Godfrey has ordered chapattis and tea with milk. As we sit together around a big table, I make the group laugh when I say to them: "Tomorrow will be the cross-country of the end of the world". I need to explain what I am feeling because no-one understands the sentiment of remoteness that affects me. We talk about the little poster stuck to the wall announcing the national cross-country championship. A waitress wearing a tight, off-the-shoulder top leans over Boniface Kiprop: "Oh, you're Boniface". They exchange a few words in Swahili. He remains impassive, his cheerful, laughing face, slim fingers running incessantly over his smooth, shaven head. Boniface is only 19 years old but he's the leader of the group. His bronze medal, followed by a silver, won at junior level in the last two World cross-country championships give him this status and afford a glimpse of the beginning of the structuring of Ugandan athletics.

What stage are they really at? Godfrey's answer is simple. Sitting opposite me, he takes his time, between two mouthfuls of chapatti, to explain: "No, nothing is established. And whatever you do, don't try and compare us with Kenya just because we've had a few good results. Here it's all down to a few individuals who put their hands into their pockets to fulfil a dream. For my part, I began this adventure in 1997 with the support of my director. As in Kenya, I started recruiting by offering scholarships. Searching around Kapkoros, Kapchorwa and Bukwa, the village of Kiprop, on the Kenyan border at the foot of Mount Elgon on the high plateaux. That's where, before each cross-country championship, I organise a high-altitude training period. I buy the food and the father of one of the runners is put in charge of watching over the group. All the runners around this table come from that area."

Thus Boniface Kiprop has opened the first vistas of Ugandan athletics, unlocking the tribal codes and rigid conventions of the rural world as a prisoner pushes aside the bars of his jail. Godfrey's earliest efforts were not the easiest – trying to convince heads of families that running could be a means of social ascension. "Life is already difficult enough for them in the countryside, so how can you make them understand that they should fight to get out of their poverty trap by running? When Boniface won his first prizes, I went to see the family again to make sure that they made good use of the money. First they built a little house because they had nothing. They were really very poor. Everyone slept in the same room. Then they bought four cows and recently a pick-up. Can you think of a better example to encourage these kids to do the same?".

In the evening after the meal, we put the young athletes to bed just like one tucks in a child, all cosy under a grimy mosquito net. Then in the mild, peaceful night we go round the bars, finishing up at the White House with a local beer. At the entrance, armed guards maintain security, big, short-barrelled rifles on their shoulders. In a big room, forlorn men are absorbed in a football match on a TV set fixed into the ceiling. We talk about the Ugandan Federation which survives only on charity, athletics on a shoestring, with no local companies to invest in the sport, a Federation which has to make do with $15,000 every year from the IAAF.

It is nearly midnight when a big bus pulls up in front of the lodge gates, disgorging twenty or so runners looking for a room after a harassing 48-hour ride. For them, the night will be short.

The nasal voice of the muezzin calling the faithful to the first prayer of the day awakens Kasese, bathed in an orange light. In the distance, the Rwenzori range jealously guards its snow-capped summits under a thick mist. The cross-country terrain, a former golf course in the process of being renovated, is laid out at the foot of the mountain which taunts the African demons at an altitude of more than 5,000 metres. Admirable savannah landscape. Can there be a more beautiful cross-country course than this? To my eyes, no. I stay for a long time contemplating the scene which fades away into pale tints, the whole spectrum from green to pastel yellow.

Beatrice Ayikoru got up early this morning. Secretary of the Federation, she has already set up her registration desk beneath a big tree. Next to her, a mother is breast-feeding her baby. A grandfather is slumped in a chair blocking the way to the table where numbers, printed on material which seems to have been used more than once, are being handed out. One safety pin per person, no more.

It would take a lot more to deprive Beatrice of her eternal smile. She pirouettes her slim figure around the problems that arrive one after the other. Already one and half hours behind schedule and no starts have been given. Two kids with machetes are still trimming a pair of long poles intended to support a banner which will, in the end, never be erected. Beatrice takes the time to say: "I like challenges". It's easy to believe her.

The national hymn was played some time ago. Local politicians wait for speeches as boring as Buddhist threnodies, officials and athletes come to attention to listen to the priest's prayers, but nothing happens, no race is started. Waiting. Explaining to young girls in short skirts how to start: "You listen for five, four, three, two one and that's the moment to start". Beatrice doesn't lose any of her fervour, even if she has to explain everything and re-explain it: "There are even schoolteachers who tell their pupils to run with their number between their teeth to purify the air, to swallow less dust. OK, that's just an example, but you haven't seen how they teach the triple jump in our country. Each teacher has his own method. For some, it's even three jumps with the feet together. It's a disaster. So you can see how much work there remains for us to do".

Waiting. Under a tree, Rehema Apio advises her little group to kill time, lying quietly on the ground. Young girls wriggle about in time to calypso music from a PA system mounted on a lorry. She has also had to put up with two days in a bus from Lira, a big town in northern Uganda where she teaches in a secondary school. She has also paid for the journey out of her own pocket. Level 2 IAAF coach, she has managed to put together a small team of nine athletes, four boys and five girls uprooted from their rural world: "The girls are always saying to me 'At home we have to do everything, so we're too tired to run'". So I reply: "But look at me – I kept at it to become an athlete and now I'm a teacher". The culture of the example. I ask her: "What do you hope from today?". She replies: "To go home to Lira with a trophy".

"Five, four, three, two one…" the first start is given after the president of the Federation, proudly wearing a shirt reading "Paris 2003" lowers the national flag. The programme is already two hours late. A White, wearing his colonial depression on a face eaten by this African continent which is capable of devouring soul and conscience, addresses me: "Oh, they're only three hours late. That's African time for you". I detest alcohol-induced distress and melancholy. I don't reply.

The races follow one another. At last. The long, long introspection of a cross-country being run perpendicular to a pitiless sun. The arrivals also follow one another. Often in agony. Blackouts, fainting. "First aid, first aid", shouts a skinny little man lost in a white coat too big for him. The exhausted runner shakes at his feet. He trembles, he dribbles, showing the whites of his eyes. The public shout at the first-aid worker: "What are you playing at?" He replies: "Let me deal with it, first aid, first aid." Then he grasps the limp body and throws it heavily onto the floor of a lorry. While they wait for the driver, some women have cut some branches and are waving them over the victim, stirring the air as warm as that from a hair-dryer. The man is still trembling and he groans. The lorry finally starts for the hospital.

The ease of Boniface Kiprop makes us forget the time which stretches out like a funeral vigil.
Alex Maringa is second. The two men hug each other under the watchful eye of Godfrey Nuwagaba, who has fulfilled his contract. He grabs me by the shoulder: "If I hadn't been there, Alex'd never have become what he is. It was me who took him to run the Mombasa marathon. The two of us went by bus, crossing the whole of Uganda and the whole of Kenya and we slept in the smallest hotels so as to spend as little as possible. But on the way back, with the prize money he had won, he had enough to buy a vehicle and start a business."

Shoestring athletics: Beatrice Ayikoru is not ashamed at this lack of means. Now that the cross-country is finished and it's time for the speeches, she holds me back: "I have the impression that you don't like this kind of ceremony. But you must understand that here, the politicians have very few opportunities to express themselves. Practically nothing happens. So they make the most of the occasion". Thus athletics takes second place in people's minds in a rural world where it seems more important to defend the price of cotton than the values of sport. Beatrice continues: "You must absolutely not compare us with Kenya, even if the majority of our runners come from the same ethnic group as the Kenyans. Kenya benefited from political stability after independence whereas here the dictatorship imposed by Idi Amin Dada ruined our country. John Akii Bua's gold medal in 1972 could have had the same effect as that of Kip Keino in Kenya, but with the civil war, Bua's win did nothing to help the development of athletics. That's why we have a complex about Kenya, even if it's also a role model for us."

In the evening, back at the Moonlight, Godfrey's group is joyful. We eat boiled chicken bathed in a potato and tomato sauce. Godfrey shows me the contract that Boniface has signed with the international brand Puma. Zero follows zero to make a sum in dollars enough to turn the heads of these ordinary people. He says: "Boniface mustn't miss out on this chance;" Next to me, a young girl is sitting on a banquette. She's delicately folding a little handkerchief embroidered with red hearts. I ask her: "It's for your sweetheart?". She turns and says: "Yes, because tomorrow's Saint Valentine's day". Boniface watches the scene. For him, love will have to wait.

RWANDA

LE JOUR SE LEVE ENFIN

Kigali est calme comme une cathédrale. Pas même une voiture, un bus, un camion. Les rues sont désertes. Ça ne ressemble pas à ce que je connais de l'Afrique qui dès les premiers rayons de soleil prend la vie à bras le corps, au pas de charge pour s'installer dans la survie d'un jour à conquérir. Le Rwanda a-t-il à ce point changé ?
A chaque carrefour, l'armée arrête le malheureux taxi qui a osé me prendre à l'aéroport. Peter, c'est le nom de mon chauffeur, montre son passeport ougandais et un permis de conduire dont on lit à peine le numéro de licence. On fouille le coffre, les bagages, le bidon d'essence qui fuit sur une vieille couverture. Au septième barrage, il n'y a plus de raison de s'inquiéter. Il y a même une complicité amusée qui naît en quelques minutes entre ce taxi-man et moi-même. Le cérémonial est le même. Arrêt forcé, papier, coffre, bagage, la même odeur de gasoil qui vous prend à la gorge et on file avec un signe de tête poli pour ne pas froisser ces hommes en uniforme qui ne s'expriment qu'en anglais.

J'apprends vite qu'aujourd'hui, c'est "journée de travaux d'utilité collective". Qu'il est interdit de rouler, de pédaler, de se déplacer et que dans peu de temps, tout le pays va se retrouver sur les bords des routes, des rues et des pistes pour gratter, nettoyer, racler la mauvaise terre, la mauvaise herbe et toutes les souillures de la vie. De l'instituteur au chômeur désoeuvré, du fermier au curé de la paroisse, de la maman portant sur son dos le dernier né au petit commerçant qui a tiré le rideau.

Ainsi le Rwanda apprend à vivre et à se reconstruire. Dix ans après le génocide, ces hommes et femmes suivent cette marche douloureuse et expiatoire de la réconciliation. Pour chasser l'ignominie d'un tel massacre qui débuta le 7 avril 1994, le lendemain de l'assassinat du président Juvénal Habyarimana. Pour combattre tous les tourments et les cauchemars. Ces cris, ces torrents de larmes, de sang et de haine, ces corps hachés et déstructurés, cette brutalité bestiale, cette infamante tragédie qui coûta la vie à plus de 800 000 Tutsis en une centaine de jours d'une tuerie méthodique et organisée.

Pour cinquante dollars, Peter a accepté de me conduire à N'Tarama. Car j'ai besoin de faire cette route. Je sais tout et je ne sais rien de ce massacre. J'ai besoin de m'isoler, de me recueillir, de marcher seul sur l'une de ces collines, théâtre d'un massacre dont l'atrocité ne peut trouver de qualificatif. Je ne suis pas croyant mais pourtant, j'ai ce besoin de communier. Est-ce vain ? Ai-je honte tout simplement d'appartenir à un pays qui n'a pas souhaité prendre la vraie mesure du drame qui allait mettre à feu et à sang ce petit pays d'Afrique Centrale ? J'ai besoin de ce voyage pour mieux regarder ce peuple, droit dans les yeux.

La route prend du temps. De colline en colline, de village en village. Peter est prudent, cherchant le meilleur passage pour ne pas brutaliser ou enliser la vieille carcasse de sa Toyota essoufflée. Les premières pluies n'ont pas totalement délavé cette piste rouge brique serpentant dans les champs de canne à sucre et plantations de bananes.
Nous croisons des groupes d'hommes et femmes qui semblent tenir meeting au pied de petites échoppes. Des pelles, des pioches à la main. On s'arrête. Peter me traduit le discours à voix posée d'un homme au regard sombre. "Il faut s'unir pour construire".

On passe le fleuve Nyabarongo où roulent des eaux vert de gris. Nouvel arrêt, Peter achète des épis de maïs à des enfants mâchouillant des bâtons de canne à sucre. D'autres jouent au foot sur un petit terrain en slalomant à travers un troupeau d'ankolés, ces vaches gracieuses et incrédules se délectant d'une herbe grasse.
Nous croisons des hommes marchant seuls dans cette forêt qui s'élève au-dessus des marais gorgés de papyrus où lors du génocide, les fugitifs cherchèrent en vain le salut en se cachant comme des vers dans la boue et les hautes herbes. Mon regard ne peut se détourner de cette machette qu'ils tiennent tous à la main, ou bien posée sur l'épaule. Ont-ils été bourreaux, tortionnaires, tueurs au cours de ce naufrage final ? Certains ont-ils été jugés au sein des gaçaças, ces tribunaux traditionnels qui ont condamné ces coupeurs de tête ? Nos regards se croisent. Je ne lis que méfiance.

Nous arrivons enfin à N'Tarama. L'église de Matara se cache dans une forêt d'eucalyptus. Ici, 5000 enfants ont été tués sauvagement le 15 avril 1994, en une journée de folie alors qu'ils se croyaient protégés dans la maison de Dieu. Les murs portent encore les impacts de tirs et de grenades. A l'intérieur, des milliers d'os jonchent le sol aux côtés de peignes crasseux, de chaussures, de petits sacs à main, de jerricans, chevauchant le sol entre les petits bancs de prière. Une femme, que l'on me dit rescapée du génocide, époussette à l'aide d'une petite cordelette cloutée à une branche, les crânes posés sur des étagères. Dans l'un d'entre eux, un clou meurtrier est resté enfoncé. Le bruit des oiseaux, des poules et des enfants s'estompe. Je trouve le silence.

Le Rwanda ne cherche pas à vivre uniquement dans les espérances et dans les apparences d'un monde qui aurait crevé une bonne fois pour toutes la panse repue de ce vent de folie. Il a besoin de plus pour idéaliser son avenir car le Rwanda porte une croix qui saigne encore abondamment en ses quatre points cardinaux. Lourde de toutes les incompréhensions, de tous les doutes et de toutes les confessions.

Dans les entreprises d'Etat, dans l'administration, dans les écoles, dans les champs, le travail de réconciliation se fait au quotidien. Dans cette logique, le sport trouve ici sa vraie vocation pour que chacun puisse revivre avec son voisin, pour que chacun se sente uniquement Rwandais et non plus Tutsi ou Hutu. Ainsi, il n'y a pas une rencontre sportive sans que les autorités distribuent des tee-shirts portant le slogan "Le génocide jamais".

L'athlétisme n'échappe pas à cela comme en témoigne le dernier championnat national de cross ou bien ce cham-pionnat d'Afrique Centrale de cross organisé sur les hauteurs de Kigali dans le quartier historique de Kicukiro, l'une des places fortes des milices "interahamwe" qui encadrèrent le massacre des Tutsis.

Peter m'a laissé au pied de ce champ de cross au petit matin. C'est ainsi que j'en ai la meilleure perception lorsque l'espace est encore à nu. Il s'agit d'un stade comme il y en a tant en Afrique. Ceinturé d'un anneau en cendrée et d'une petite tribune où quelques rondins maintiennent un toit de tôle qui pisse la pluie dès les première gouttes tombées. Seules quelques ankolés et quelques moutons en liberté tondent assidûment la pelouse et viennent donner vie à ce terrain de sport accolé au collège technique tout proche.

Adolphe Rukenkanya fût l'un des premiers officiels à arriver, garant sa moto au pied de la petite tribune. Avec Adolphe, on se connaît depuis 1995, année de notre première rencontre à Bouaké en Côte d'Ivoire, où tout jeune entraîneur national du Burundi, il accompagnait une délégation d'athlètes au meeting Gabriel Tiacoh.
Durant ces dix dernières années, la vie d'Adolphe a suivi le cours agité d'un pays lui aussi meurtri par les tensions inter raciales au point d'être jeté en prison le jour de Pâques 2002 pour avoir défendu une athlète hutu arrivée première puis déclassée au profit d'une jeune fille tutsi. "C'était à l'occasion d'une épreuve de détection "les mille mètres espoirs". J'ai eu beau montrer la vidéo de l'arrivée mais je n'ai pas eu gain de cause. On ne pouvait pas comprendre que moi Tutsi, je puisse défendre cette athlète hutu. On m'a enfermé au cachot aux côtés des prisonniers de guerre. Et là, j'ai vraiment eu peur d'être exterminé. Heureusement, une radio privée a porté l'affaire sur les ondes et on m'a libéré. Mais on m'a mis à la porte de mon pays".

Adolphe a pris sa moto et son chrono, a laissé sa femme à Bujumbura et s'est ainsi exilé au Rwanda pour trouver accueil et refuge dans la famille de l'athlé comme entraîneur national aux côtés d'Emmanuel Murenzi, le DTN Rwandais.

En 1994, le mouvement sportif rwandais est décimé par le génocide. Sur les vingt athlètes de l'équipe nationale d'athlétisme, seuls quatre échappent à cette tuerie collective. "Nous ne pouvions pas supposer que nous aussi, nous allions vivre un tel drame" voilà ce que raconte Emmanuel Murenzi qui a perdu dans ce génocide sa mère, trois soeurs et deux frères. "Nous étions tous amis mais lorsque les tueries ont débuté, certains athlètes qui étaient Hutus se sont déclarés de la milice. Ils venaient nous voir, nous demandaient où pouvait être untel, untel. Et nous, nous leur faisions confiance, sans penser que c'était en fait pour aller les massacrer".

Au fil des heures de ce matin, petit à petit, le stade a pris des couleurs. Celles du drapeau national, celles des banderoles départ et arrivée accrochées à une savante structure construite en bambou où se regroupent les enfants des écoles, arrivés pour courir en prologue de ce championnat. Il y a Leonard, Clovis, Dominique et François encadrés par Jean Kagaju, leur instituteur attaché à leur tendre un dossard, une épingle et un tee-shirt offert pour la circonstance. En 1994, Jean ne vivait pas au Rwanda, mais exilé à Kalémie, au Zaïre avant qu'il ne décide de rentrer en 1996 : "Je me sentais dans l'obligation de construire mon pays" dit-il sous le regard attentif d'une vingtaine d'élèves qu'il a convaincue à courir. En m'expliquant ce choix de vie, il inscrit méticuleusement chaque nom sur un petit cahier d'écolier. Patrick se joint à nous. Il est étudiant en art plastique cinquième année au collège Kicukiro. Chef de classe et président d'un club "anti sida", il veut lui aussi témoigner des efforts entrepris : "Nous suivons les consignes du directeur pour qu'il n'y ait plus de ségrégation. Pour cela, nous avons des lectures collectives de livres sur le génocide".
En même temps que Jean, l'instituteur, recompte le nombre de ces élèves groupés autour de lui, il ajoute : "On ne peut pas oublier ce qui s'est passé. Comme ici, sur ce terrain, dans cette forêt. Il est souhaitable que l'on n'oublie pas. Il ne faut pas se taire pour que cela ne revienne pas. C'est pour cela que nous avons des cours d'histoire et des cours de morale pour faire connaître la source du génocide. Pour qu'en final, nous puissions vivre ensemble, en amis. Pour construire notre nation, il faut cohabiter pour dépasser les sentiments tribaux et les clans. L'école est pauvre, on manque de tout, nous avons 50 à 55 élèves par classe, mais on est sur le bon chemin, vous savez".

Je délaisse ce groupe pour retrouver des officiels qui manifestent de l'impatience. Car le Ministre des sports se fait attendre. Plus d'une heure qu'il devrait être là. Dans un pays qui entend vivre au rythme d'une certaine rigueur, ce retard est interprété comme du mépris. Mais Adolphe Rukenkanya et Emmanuel Murenzi ont la patience des gens qui ont souffert. Ils ont aussi le sens du détail. Cela ne trompe pas à les voir aligner des va et vient nerveux pour vérifier chaque menu détail. Pour la première fois, les résultats sont gérés par informatique directement sur le terrain. Sous une tente portant déjà le poids d'une écrasante chaleur, un PC est relié à un groupe électrogène qui ronronne à quelques pas, caché dans les hautes herbes. On me présente au responsable avec lequel je blague lorsque celui-ci prétend être le cousin de Bill Gates.

Ma présence n'est pas sans crisper la situation. Je ne peux faire un pas sans que l'on me demande de juger l'organisation alors que rien n'a encore débuté. Je rassure comme je peux. Je ne suis pas là pour juger d'une telle organisation en pareils lieux et circonstances. Je devine alors que ma présence n'est pas sans poser des questions dans l'entourage du Ministère : pourquoi un journaliste français s'intéresse-t-il à l'athlétisme rwandais ?

Pour les cadres techniques, c'est au contraire l'occasion de faire pression et de démontrer que ce sport peut aider, certes, à purger et combler la fosse aux mauvaises consciences mais qu'il trouve surtout sa place sur l'échiquier international. Neuvième équipe au Mondial de cross à Lausanne puis septième à Bruxelles, un collectif est désormais en place avec comme chef de fil Dieudonné Disi sacré champion du Monde militaire de cross en 2003.

Dieudonné Disi est un rescapé du génocide. En l'approchant peu après sa victoire dans ce cross, c'est curieusement de cela qu'il veut parler. Sans méfiance même si le récit ne peut que rallumer les feux de la souffrance. Ne déclare-t-il pas d'une voix feutrée : "Chaque fois que je dors, ça se déroule dans ma tête, ça me donne des cauchemars".

En avril 1994, Dieudonné n'a que 14 ans lorsque le génocide éclate. Son père, en chrétien fervent, réunit la famille au complet pour demander à ses enfants et à son épouse : "Nous allons devoir prier beaucoup pour aller au ciel". Dieudonné acquiesce mais refuse une telle fatalité. Le soir même, alors que la famille tente de trouver le sommeil, il s'extirpe de la case pour s'enfuir dans la nuit noire. Débute alors une errance dans ces forêts profondes peuplées de fantômes. Il dit : "J'avançais un peu, un peu, un peu" en tournant les deux index l'un au dessus de l'autre comme s'il dévidait une pelote imaginaire. Le jour, il se terre comme un rat dans les papyrus en se nourrissant de racines et de bananes crues ramassées au passage en surveillant le moindre bruit, le moindre pas des interahamwes enivrés par le vin de banane. La nuit, il avance un peu, un peu et rejoint sain et sauf, le 28 avril, un camp de réfugiés installé au Burundi.

Il reste ainsi trois semaines dans ce camp où il s'enrôle comme combattant au sein des FPR qui viennent de délivrer le pays. On lui met un fusil entre les mains, bénéficiant d'une brève formation militaire au terme de laquelle il reçoit l'ordre de retourner à Butaré pour intégrer les forces locales. Là, il découvre l'effroi, que père, mère et frères ont tous été victimes du génocide. Seules deux soeurs sont rescapées, exilées au Zaïre et dont il retrouve la trace quelques semaines plus tard, grâce aux messages diffusés par la radio des Nations Unies. Dieudonné se retrouve ainsi, sans même une photo de son père et sa mère, seul face à son destin. Un fusil à la main même s'il n'est qu'un gamin.

Depuis, Dieudonné a déposé les armes. Il court pour améliorer un ordinaire où la souffrance des souvenirs l'emporte sur l'espérance. Avec sa bourse de solidarité olympique, il s'est acheté une petit maison à Ruhengeri où il héberge deux cousins, orphelins eux aussi de père et mère, rescapés du génocide après avoir été cachés et sauvés par des voisins hutus.

Enroulé dans le drapeau rwandais, Dieudonné a fait son tour d'honneur, en sautant de bonheur tel un cabri pour saluer la foule au terme de sa victoire sous les cris des mamas. Je repensais au message d'une affiche apposée sur les murs du stade de Kigali, vue la veille de ce cross : "Quelle que soit la durée de la nuit, le jour finit toujours par se lever". A Kicukiro, un rayon de soleil illuminait enfin le coeur des hommes.

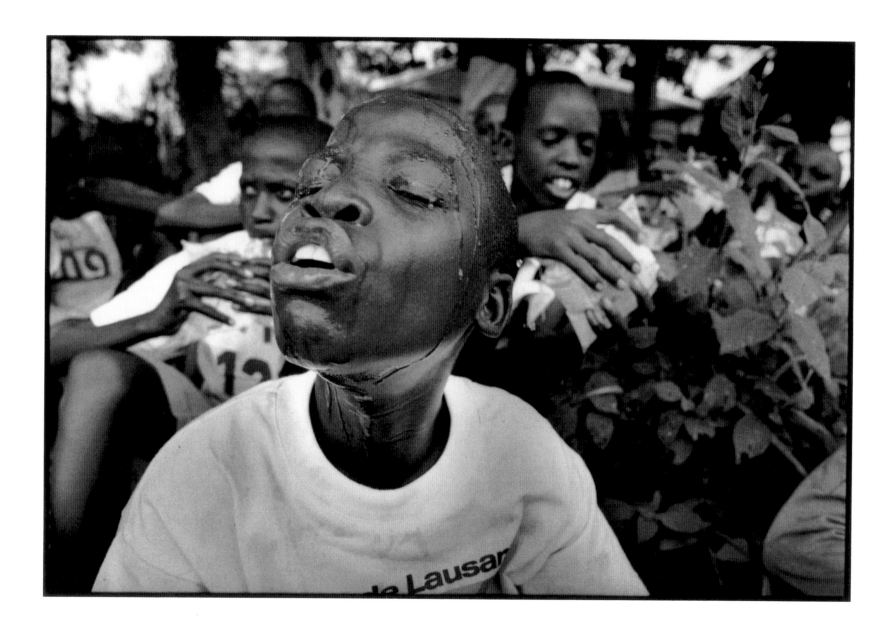

Dieudonné Disi.

DAYBREAK AT LAST

Kigali is as calm as a cathedral. Not even a car, a bus, a lorry. The streets are deserted. This doesn't resemble the Africa that I know which, as soon as the first rays of sun appear, sets off at top speed to survive and conquer another day. Has Rwanda changed so much?

At each crossroads, the army stops the unfortunate taxi which has dared to take me to the airport. Peter, that's the name of my driver, shows his Ugandan passport and a driving licence on which the numbers are barely legible. Everything is searched: the boot, the luggage, the petrol can leaking onto an old blanket. By the seventh roadblock, there's no longer any reason to worry. In the space of a few minutes an amused complicity has even developed between the taxi-driver and me. The ceremony is the same. Forced to stop, papers, boot, luggage, the same smell of diesel that catches in your throat, continue with a polite nod of the head so as not to upset the men in uniform who speak only in English.

I quickly learn that today is a "community work day". That it is forbidden to drive, to pedal, to move and that soon the whole country will find itself at the sides of the roads, streets and tracks to scrape and clean away unwanted soil, weeds and all the other stains of life. From teachers to the idle unemployed, from farmers to parish priests, from mothers carrying the latest-born on their backs to shopkeepers who have pulled down the blinds.

Thus Rwanda learns to live and rebuild itself. Ten years after the genocide, men and women follow the painful and expiatory route towards reconciliation. To expunge the ignominy of the enormous massacre that started on the 7th April 1994, the day after the assassination of President Juvénal Habyarimana. To eliminate all the torments and nightmares. The cries, the torrents of tears, blood and hatred, the bodies hacked and unrecognisable, the bestial brutality, the infamous tragedy that cost the lives of 800,000 Tutsis in a hundred days of methodical and organised killing.

For fifty dollars, Peter has agreed to drive me to N'Tarama. Because I need to make this journey. I know everything and nothing about the events. I need to be away from people, to gather my thoughts, to walk alone on one of the hills, theatre of a massacre whose atrocity begs adjectives. I am not a believer, but nevertheless I feel the need of communion. Is it worth it? Am I simply ashamed to belong to a country which didn't want to take the true measure of the drama which plunged this little central African country into a bloodbath? I need to make this trip in order to be better able to look people straight in the eyes.

The road takes time. From hill to hill, from village to village, Peter is prudent, seeking the best route to avoid further damaging or bogging down his battered old Toyota. The first rains haven't completely stripped clean the brick-red track which winds through the fields of sugar cane and the banana plantations.

We pass groups of men and women who seem to be holding meetings in front of little stalls. Shovels and pickaxes in hand. We stop. Peter translates the words of a man with a calm voice and a sombre face. "You have to get together to build".

We cross the grey-green waters of the river Nyabarongo. We stop again, Peter buys ears of corn from children chewing sticks of sugar cane. Others are playing football on a little pitch, swerving in and out of a herd of ankole cattle, gracious and incredulous cows grazing the luxuriant grass.

We pass men walking alone in the forest which rises above the marshes full of papyrus where, during the genocide, fugitives sought salvation in vain, hiding like worms in the mud or the long grass. I cannot help looking at the machetes that they all carry in their hands or on their shoulders. Were they executioners, torturers, killers during the final wreckage? Were some of them judged by the gacacas, traditional tribunals which condemned the killers? I meet their eyes. I see nothing but suspicion.

We finally arrive at N'Tarama. The church of Matara is hidden in a eucalyptus forest. Here, 5,000 children were savagely killed on the 15th April 1994, in one mad day when they thought themselves safe in the house of God. The walls still bear the impacts of bullets and grenades. Inside, thousands of bones litter the floor next to filthy combs, shoes, little handbags, jerry cans balanced on little prayer stools. A woman, who I am told escaped from the genocide, uses a cord nailed to a branch to dust skulls placed on shelves. The fatal nail remains stuck in one of them. The sound of the birds, chickens, children fades away. At last, the silence envelops me.

Rwanda is not trying to live only on the hopes and appearances of a world which has once and for all stopped the wave of folly. It needs more than that to construct a better future because it carries a cross which is still bleeding from all four arms. Heavy with incomprehension, doubts and confessions.

In state enterprises, in the administration, in the schools, in the fields; the work of reconciliation continues daily. Sport has found its true vocation as part of the process through which everyone can once again live with his neighbour, through which everyone feels Rwandan and not Tutsi or Hutu. No sports meeting takes place without the authorities distributing tee-shirts bearing the slogan "No more genocide".

Athletics cannot escape, as shown by the last national cross-country championship or the Central African cross-country championship organised on the heights of Kigali in the historic quarter of Kicukiro, one of the strongholds of the Interahamwe militias which oversaw the massacre of the Tutsis.

Peter leaves me at the foot of the cross-country course in the early morning. This gives me the best perception, when the area is still empty. It is a stadium like so many in Africa. Ringed with an ash track and a little stand where a few poles hold up a corrugated-iron roof which leaks like a sieve as soon as the first drops fall. A few free-roaming ankole and sheep assiduously mow the grass and bring a bit of life to this open space, which serves as a sports field for the nearby technical college.

Adolphe Rukenkanya was one of the first officials to arrive, parking his motorbike at the foot of the little stand. Adolphe and I have known each other since 1995, the year of our first meeting at Bouaké in Côte d'Ivoire, where, as the very young national coach of Burundi, he accompanied a delegation of athletes to the Gabriel Tiacoh meeting.
Over the last ten years, Adolphe's life has followed the troubled history of a country itself so racked by inter-racial tensions that he was thrown into prison on Easter day 2002 for having defended a female Hutu athlete who came first but was relegated in favour of a young Tutsi girl. "It was a talent-spotting race 'The Thousand Metre Hopefuls'. Even though I showed the video of the finish, I was overruled. No-one could understand that I, a Tutsi, could support this athlete, who was Hutu. I was locked into a cell next to some prisoners of war. And there, I was really frightened that I would be killed. Thankfully, a private radio broadcast the story and I was freed. But I was thrown out of my country."

Adolphe took his motor bike and his stopwatch, left his wife at Bujumbura and went into exile in Rwanda to find refuge and a welcome in the bosom of world athletics as national coach alongside Emmanuel Murenzi, the Rwandan NTD.

In 1994, the Rwandan sporting movement was decimated by the genocide. Of the twenty members of the National Athletics Team, only four escaped the carnage. "We couldn't imagine that we too were going to endure such a drama" says Emmanuel Murenzi who lost his mother, three sisters and two brothers in the genocide. "We were all friends, but when the slaughter began, certain athletes who were Hutu declared themselves members of the militia. They came to see us, asking where so-and-so or such-and-such might be. And we trusted them, never thinking that they intended to go and massacre them".
As the hours go by, the stadium becomes gradually more colourful. The colours of the national flag and those of the start and finish banners, attached to a clever structure made of bamboo, where the schoolchildren are clustered ready to run as a prologue to the championship. There's Leonard, Clovis, Dominique and François, supervised by Jean Kagaju, their teacher, busy handing out numbers, safety pins and tee-shirts which have been given for the occasion. In 1994, Jean didn't live in Rwanda, but in exile at Kalémie in Zaire, before deciding to come home in 1996: "I felt obliged to help with the reconstruction of my country", he says under the watchful eyes of twenty or so pupils who he has managed to convince to run. At the same time as he explains this choice, he writes each name meticulously in a school exercise book. Patrick joins us. He is a fifth year fine art student at the college of Kicukiro. Head of his class and president of an "anti-Aids" club, he too wants to bear witness to the efforts that are being made: "We follow the instructions of the director to ensure that there is no more segregation. We have collective readings of books about the genocide". At the same time as Jean, the teacher, re-counts the number of children grouped around him he adds: "We can't forget what has happened. Like here, on this course, in

this forest. It is desirable that we don't forget. Keeping quiet won't stop it from happening again. That's why we have history lessons and lessons in ethics, so that people understand the origins of the genocide. So that in the end we can live together, as friends. To build a nation it is necessary to live together and go beyond tribal or clan sentiments. The school is poor, we are short of everything, there are 50-55 pupils per class, but, you know, we're on the right track".

I leave this group to find the officials, who are showing their impatience. Because the Sports Minister is late. He should have been here an hour ago. In a country which pretends to a certain rigour in its way of life, this delay is interpreted as contempt. But Adolphe Rukenkanya and Emmanuel Murenzi have the patience of people who have suffered. They also have a sense of detail, as can be seen from their nervous comings and goings to check the smallest things. For the first time, the results will be managed by computer directly on the course. Inside a tent which is already stifling under an overwhelming heat, a PC is connected to a generator which purrs a few paces away, hidden in the long grass. I am introduced to the person in charge of it and we have a good laugh when he claims to be Bill Gates' cousin.

My presence can't help increasing the tension. I can't take a step without someone asking me to judge the organisation when nothing has started yet. I reassure them as best I can. I am not there to judge anything under such circumstances. I realise that my presence is causing questions to be asked among those around the Minister: why is a French journalist interested in Rwandan athletics?

For the technical managers, it is, on the contrary, an opportunity to bring pressure to bear and to show that of course this sport can help to salve bad consciences, but above all that it has found its place on the international scene. This is the mission of Adolphe Rukenkanya. Ninth in the team event at the World cross-country championships at Lausanne then seventh at Brussels, a loosely-formed team is now in place with, at its head, Dieudonné Disi, World military cross-country champion in 2003.

Dieudonné Disi is a survivor of the genocide. As I approach him after his victory in this championship, it is this, curiously, that he wants to talk about first. Without any mistrust, even though the story cannot fail to recall the pain of his suffering. He says, voice muffled: "Every time I sleep, it all goes through my head, it gives me nightmares".

In April 1994, Dieudonné was only 14 when the genocide broke out. His father, a fervent Christian, gathered his whole family together to tell them: "We're going to have to pray a lot in order to go to heaven". Dieudonné agreed, but refused to be fatalistic. The same evening, as his family tried to get to sleep, he slipped out of their hut and fled into the black night. It was the start of a period of roaming through the deep forests peopled with phantoms. He says: "I went forward a little, a little, a little" turning his two index fingers one above the other like someone unwinding an imaginary ball of wool. During the day he went to earth like a rat in the papyrus, eating roots and raw bananas picked up during his travels and avoiding the slightest noise, the slightest footfall of the Interahamwes, drunk on banana wine. During the night he advanced a little, a little and on the 28th April, safe and sound, he reached a refugee camp that had been set up in Burundi.

He stayed in the camp for three weeks, enrolling as a fighter in the FPR which intended to deliver the country. He found himself with a rifle in his hands, received some sketchy military training, then received the order to return to Butaré to join the local forces. There he discovered, to his horror, that his father, mother and brothers had all been victims of the genocide. Only two sisters escaped, exiled in Zaire where he picked up their trail a few weeks later thanks to messages broadcast by the United Nations radio. Thus Dieudonné found himself, without even a photo of his mother and father, alone with his fate. A rifle in his hands even if he was only a child.

Since then, Dieudonné has laid down his arms. He runs to try and improve an everyday life where the agony of his memories wins over hope. With his Olympic solidarity scholarship he has bought a little house at Ruhengeri where he provides a roof for two cousins who also lost their mother and father, escapees from the genocide after having been hidden and saved by Hutu neighbours.

Dieudonné has taken his lap of honour, wrapped in the Rwandan flag, jumping with happiness like a young goat to salute the crowd after his victory amid the shouts of the mamas. I thought again of the message on a poster seen the previous day on the walls of the stadium at Kigali: "However long the night lasts, day always breaks in the end". At Kicukiro, a ray of sunshine at last lit up the hearts of men.

LE PAYS DE L'ENDURANCE

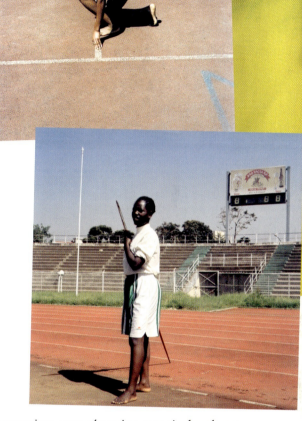

Le vin blanc est bon. Un verre, deux verres, trois verres, les serveurs en livrée se faufilent entre les convives, le plateau à la main. L'ambiance est décontractée même si le costume se porte beau, même si les dames, très rares, sont élégantes et embourgeoisées.

Haile Gebrselassie a fait une très brève apparition. Courtoisie et diplomatie obligent. Drapé d'un voile blanc traditionnel lui enveloppant les épaules, sandales blanches aux pieds, le même costume que ces chanteurs et danseurs distillant des chants populaires sur la petite estrade, placée à gauche de ce grand hall de réception. Les filles sont belles et fines, les hommes tournent la tête comme un spoutnik sur orbite. Ces danses sont étranges, comme ces mélopées profondes flirtant sur une échelle de sons oscillant entre le grave et l'acidulé. En arrière-plan de la scène, une chanteuse ronde comme une loukoum renvoie de ses lèvres épaisses et luisantes un écho d'une voix grave. Joute verbale, ça tourbillonne, ça tonne, le son de la harpe électrifiée grésille et balaye le chant musical. Ambiance gaie et pétillante.

Siemens a loué tout un salon du Sheraton pour organiser cette réception au soir des championnats nationaux. Des cuistots en haut de forme vous préparent un mescal de légumes et de poulet, les mains se tendent vers les plateaux de petits fours décorés tels des arabesques de couleurs, on parle fort pour se faire entendre. Samuel Georges donne des poignées de mains et remercie ses hôtes invités dans le cadre fastueux du Sheraton. Les hommes de la Fédération sont en costume, quelques athlètes sont là aussi comme Gezahgne Abera lui aussi cintré dans un beau costume lamé et brillant. De la belle toile, le Champion Olympique du marathon fait chic. Il ne manque que Kenenisa Bekele qui a fait faux bond. La fédé a bien tenté d'expliquer qu'il s'agissait d'une blessure mais personne n'y a cru.

Samuel Georges s'est alors dirigé vers un petit pupitre pour quelques mots de bienvenue. Sa voix est hésitante. Il se sent écouté, observé en expliquant brièvement pourquoi il soutient l'athlétisme : "Dans la compétition que nous livrons sur le plan mondial au niveau de la téléphonie, il y a des similitudes avec ce sport. Ce sont les mêmes challenges". Dans ce salon, c'est l'Ethiopie de demain qui écoute attentivement les mots de ce jeune PDG nouvellement installé à la tête de la filiale éthiopienne. C'est l'Ethiopie de demain qui se dessine, l'Ethiopie qui se modernise, l'Ethiopie qui se débarrasse lentement de trente années de souffrance, d'énigmes, de conspirations, de terreur et de servitude à une doctrine suicidaire qui a saigné à blanc un pays orgueilleux et fier de son passé, de sa culture et de son histoire. Le choix du Sheraton est d'ailleurs tout à fait stratégique. "C'est luxe, trop luxe" murmurent certains. Qu'importe. Le lieu est porteur d'espoir même si dehors, à quelques encablures de ce bunker, derrière les hauts murs de cette enclave protégée par des hommes de sécurité peu affables, le petit peuple souffre et se meurt dans le silence de la nuit froide d'Addis Abeba, que l'on ramasse les cadavres sur les trottoirs comme au temps du DERG et du PRPE et que les enfants crient famine, le regard perdu dans un horizon sans fin, même si le ciel est pur et étoilé.

Ce Français d'origine éthiopienne croit en l'avenir de l'Ethiopie. Il le dit avec la raison d'un homme d'affaires, il le souligne avec le coeur de celui qui aime son pays d'enfance. "L'Ethiopie est en cours de démocratisation. Il y a beaucoup de choses à améliorer comme le système bancaire par exemple, mais avec le Soudan, ce sont les deux pays qui offrent les plus gros marchés potentiels". Les investisseurs sont donc là. Prêts à réagir lorsque les woyanes, les hommes forts de l'Etat, accepteront de desserrer l'étau qui étouffe une économie et un pouvoir trop centralisés. Des investisseurs coincés entre l'espoir que s'ouvrent enfin les portes du libéralisme économique et ce droit moral d'agir pour un pays qui n'en finit pas de crier sa douleur et d'essuyer ses larmes de souffrance.

Je me promène de table en table, de groupe en groupe en observant cette société privilégiée. Je tiens à la main de vieilles photos prises il y a plus de vingt ans lors d'un premier voyage en Ethiopie. Mes premières photos, mon premier reportage, mes premiers pas dans l'Afrique rouge du colonel Mengestu qui imposait à son peuple un marxisme sanguinaire. Sur ces images, des coureurs portent la coiffure afro, d'autres de longues socquettes grises, l'un d'entre eux a le buste moulé dans un maillot représentant le combat de Mohamed Ali. Sur une autre, Mamo Wolde, Champion Olympique du marathon en 1968 me sourit à travers la lentille de l'appareil. Il tient par l'épaule, le fils d'Abebe Bikila. Un homme m'explique qu'il s'agit en fait d'un fils adoptif du grand marathonien. Dans l'espoir de retrouver sa trace, je pose la question : "Habite-t-il toujours à Addis ?"

L'homme fait la moue : "Non, je crois qu'il est en Suisse". Je poursuis mon petit chemin, mes photos à la main. Je tends celles-ci à Eshetu Tura. 1981, c'est justement l'époque de ce coureur, médaillé de bronze sur 3000 mètres steeple aux Jeux de Moscou, sixième au Mondial de cross à Rome en 1982. A plus de 50 ans, c'est encore un bel homme. Grand, droit, fine moustache, il regarde avec attention ces images. Son voisin lui dit : "Regarde, c'est toi, là". Eshetu Tura dit : "Non". Un non catégorique signifiant un refus strict de replonger dans un passé qui donne mauvaise conscience. Un passé que cet ancien militaire, intégré dans le club de l'armée, refuse de voir resurgir à la surface de ses pensées. Pour ne pas se perdre à nouveau dans ce labyrinthe idéologique dans lequel le pouvoir d'alors a conduit tout un peuple vers la famine et l'épouvante. Le temps des énigmes, des purges, des conspirateurs, des exterminations, de l'exil. Le train de la dictature et ses wagons chargés d'horreur.

Je comprends qu'il n'est pas utile d'insister. J'ose une question auprès de son voisin plus prolixe : "Certains de ces coureurs peuvent-ils être retrouvés ?" Là, encore, je me vois recevoir un non catégorique. Cela ne me laissait aucun regret de ne pas avoir cherché, le matin même, dans le public, la trace de ces coureurs avec lesquels j'aurais peut-être remonté ce cours d'eau tumultueux dans lequel la société éthiopienne a bien failli se noyer, payant cash les erreurs du marxisme.

Aujourd'hui, nous étions donc le 22 juin 1995. Les subtilités du calendrier éthiopien me rajeunissaient de huit années, plus exactement sept ans et huit mois. Je me sentais presque allégé en me rendant à ce championnat national. Sur le trajet, je cherchais en vain les traces d'une modernité si espérée. Oui, quelques gargottes internet venaient effectivement d'ouvrir en centre ville au pourtour du stade national, mais le reste ne renvoyait qu'à une économie de subsistance. Des ânes chargés de sacs de farine se faufilant dans le ballet sans retenue d'une horde de Lada bleues oeuvrant comme taxis essoufflés mais dévoués, des azmari bet, petits bistrots où l'on sert le café chaud et brûlant accompagné du kolo, ce blé grillé présenté dans de petites soucoupes, des petits vendeurs de tout et de rien, des croque-morts étalant des cercueils à chaque coin de rue, des étals de mâts en eucalyptus pour construire, dans les pentes ravinées et déjà surpeuplées d'Entoto, des maisonnettes d'un confort minimaliste… Je ne ressentais ni pression, ni tension particulière dans cette vie palpitante, désuète et désordonnée. La libre et frêle économie du trottoir et de la rue.

A l'entrée du Jan Medda, des militaires surveillent encore une enceinte bordée, entre la route et le caniveau, de cabanes de fortune dans lesquelles s'entassent des familles pouilleuses et démunies. Que peut-il bien y avoir à surveiller ? Depuis bien longtemps ce champ de courses n'abrite plus les chevaux de sa majesté Haile Selassie. Le bâtiment est à l'abandon, les vitres sont cassées, les grandes salles d'apparat souffrent de décrépitude et de désolation. Le vide. Dans un couloir, une fresque en bronze représentant le Négus, droit et impérial sur son pur sang, est restée accrochée au mur. Comment a-t-elle pu résister à la purge des militaires ? Mystère.

Passé les quelques barrières délimitant le sas d'arrivée, je retrouve Richard Nerurkar. Il se démène à vérifier le bon emplacement des banderoles publicitaires siglées Siemens. Après les salutations d'usage, il me dit : "Je dois tout vérifier car ici, on pense que le sponsoring, c'est encore de la charité". Richard Nerurkar a fait le pari de venir vivre en Ethiopie. On peut en être surpris d'autant plus que son ambition première, en s'installant au quartier 22 avec son épouse et sa petite fille née quelques mois plus tôt, fut de lancer une grande course populaire "The Great Ethiopian Run" sur le modèle déposé de ce que l'Angleterre connaît avec la Great North Run et la Great South Run. Dans une Ethiopie exsangue sur le plan économique, cela peut paraître à première vue une douce utopie, née d'un angélisme et d'un romantisme qualifiés de tiers mondiste. Mais Richard Nerurkar est un homme qui a ce don de la diplomatie et de la courtoisie. Tient-il cela de son père indien ? On peut le croire.

Avec patience et habileté, cet ancien international apprend donc l'amharique, une langue subtile cachant parfois dans le double sens des mots, des vérités qui ne sont pas bonnes à dire. La tâche ne lui fait pas peur. Il parle déjà français, allemand, anglais et russe. Quelques semaines plus tard, Richard s'exprime dans un parfait amharique pour présenter son projet de course face à une fédération, elle-même très centralisatrice comme le pouvoir en place. Il le dit sans détour : "Ici, rien ne peut se faire sans la fédération". Il se rapproche donc de Haile Gebrselasie, le seul homme dans cette Ethiopie mutante à pouvoir forcer les gongs des portes forgées et faire naître des initiatives échappant au conservatisme et aux rouages bridés de l'Etat. Résultat, 16000 coureurs déferleront dans les rues d'Addis Abeba, Haile Gebrselassie et son légendaire sourire, ouvrant la course sur une petite moto conduite par un militaire en treillis.

A Jan Medda, près du sas d'arrivée, il y a un orchestre, celui de la police, des jeunes filles drapées de blanc qui viendront remettre les médailles, la télévision éthiopienne qui a étalé ses câbles pour une retransmission en direct intégral sur la chaîne nationale, des officiels habillés d'une belle chemise jaune que Haile Gebrselassie a été contraint de payer au nom de sa générosité obligée, des militaires au nombre de 300 pour surveiller un public que l'on maintient à bonne distance. Pour quelle raison ? C'est Richard Nerurkar qui me l'explique : "Ici, la fédération a horreur des tricheurs, des coureurs qui se cachent et qui prennent la course dans la dernier tour. Et puis, elle n'aime pas que le public soit en contact avec la course. Nous en Europe, on aime cette proximité, mais ici, c'est perçu comme une trop forte tension et on a peur des débordements".
L'absence des managers me surprend encore plus. Ils rôdent habituellement sur ce genre de compétitions pour arrondir leur portefeuille d'athlètes. Là encore, le protectionnisme de la fédération a limité à trois le nombre de ces intermédiaires. Je serre la main de Gianni di Madonna. Ayant eu connaissance d'un vent d'ouverture, il est venu tenter sa chance sur le marché éthiopien après avoir connu quelques désillusions passées.

L'Ethiopie, c'est une chasse gardée. L'Américain Mark Wetmore, manager de Derartu Tulu, Fatuma Roba, Birhane Abere et du jeune espoir Gebremariam, ne le dit pas tout à fait ainsi en se retranchant derrière une phrase conciliatrice : "La Fédération impose des règles, il faut savoir les accepter". Il faut se tourner vers Getaneh Tessena pour se faire expliquer sans mots voilés les raisons d'un tel protectionnisme, reflet non caché d'une Ethiopie qui n'a toujours pas déraciné dans les parcs de la capitale, les statues de Karl Marx et de Lénine ou bien les marteaux et les faucilles qui ornent toujours les obélisques déchirant de leur pointe le ciel nuageux d'Addis Abeba.

Getaneh Tessena est le mari de Gete Wami, la triple championne du monde de cross. Un homme franc et sincère. Grand, fort, jovial, un peu empâté, tout simplement embourgeoisé, il a perdu sa fine silhouette de coureur depuis qu'il a mis un terme à sa carrière suite à un accident. C'est un homme installé dans la vie économique de son pays depuis qu'il a fait le choix du retour à Addis, après dix années d'exil en Hollande. Il est officiellement le correspondant en Ethiopie du manager Joos Hermens qui gère comme un privilège bureaucratique (Joos Hermens verse chaque année 15000 $ à la fédération pour obtenir le droit de manager les coureurs éthiopiens) la longue carrière de Haile Gebrselassie et de 35 autres athlètes éthiopiens. Cela donne à Getaneh Tessena les coudées franches pour parler et juger un système qu'il critique alors qu'il se trouve ballotté entre amertume, illusions et espoirs. Celui qui a tenté de créer un club privé souligne : "Oui, ce n'est pas toujours facile de travailler avec la fédération. Nous obtenons des invitations, nous plaçons les athlètes. Mais parfois au dernier moment, la fédération interdit toute sortie et la délivrance d'un visa. Cela crée des conflits avec les athlètes qui se préparent et se voient refuser au dernier instant le droit de courir".

Alors que l'Ethiopie n'a toujours pas changé de siècle, le centralisme dicte une marche au pas qui n'offre que bien peu d'échappatoires. On regarde bien d'un air curieux et parfois envieux le voisin kenyan où une belle économie de la course à pied s'est développée grâce à la libre entreprise, mais le temps n'est pas encore venu de sortir du coffre-fort les clefs de la liberté.

Il y a ceux qui s'impatientent comme le Docteur Yelma, près de 20 ans entraîneur national après avoir étudié l'éducation physique à Prague de 1974 à 1982. Après huit longues années d'études dans un pays frère du bloc de l'Est, il se laisse convaincre par Miruts Yfter et Mohamed Kedir de rentrer pour servir sa nation, malgré l'ambiance carcérale de la dictature rouge. Il l'a fait par raison d'Etat et passion d'entraîneur, convoyant après chaque grand championnat son joli lot de médailles. Si nombreuses qu'il ne sait pas dire quelle est celle qui lui a laissé le plus de souvenir. C'est un homme de rigueur, strict, d'un abord froid et presque hautain. Mais lorsqu'il explique son désir d'indépendance, il vous transporte dans sa confidence. Débarqué de la Fédération peu après les Jeux de Sydney, pour des raisons que le mystère étouffe, malgré les trois médailles d'or remportées par Derartu Tulu, Haile Gebrselassie et Gezehagne Abera, cet homme qui a été remplacé par Torosa Kotu, l'ancien coach de l'armée, est dans l'attente. Il dit, tout en tripotant sans cesse son téléphone portable comme s'il attendait un message urgent : "Je suis un homme libre" et rêve d'un système à la kenyane avec des entraîneurs formés en milieu scolaire, avec l'organisation de camps d'entraînement privés et le management d'athlètes sans le joug d'une fédération omnipotente.

Sur ce champ de course où planent les vautours et les corneilles, où des hommes et femmes ont creusé des trous dans la terre pour se construire des abris de fortune en se cachant sous de vieilles fripes et quelques rondins de bois, les courses se déroulent selon un timing millimétré. Je croise des hommes d'une profonde courtoisie et des officiels qui ont le sens du devoir et de la perfection. Les coureurs que l'on aborde affichent toujours cette réserve que l'on connaît aux Ethiopiens. Vingt ans plus tôt, j'aurais interprété ce manque de contact comme de la crainte et de la peur de s'exprimer face au farendj (l'étranger blanc). Aujourd'hui, je comprends leur réserve et leur timidité. Ce sont des hommes et femmes simples qui, pour la plupart, ont découvert la course à pied en fin d'adolescence. Peu ont fait d'études et tous sont d'un milieu pauvre, de cette région d'Arsi ou d'Awasa en plein coeur du pays Amharas, au sud d'Addis Abeba, où l'on produit sur les hauts plateaux, le teff, cette céréale avec laquelle on confectionne le plat national, l'injera be wat. Dès leurs premiers résultats convaincants, les clubs d'Etat les recrutent en leur garantissant un emploi privilégié et un salaire équivalent au double du smig local (environ 50 euros par mois). Une nouvelle vie débute pour eux. Celle de l'espoir, courir sur cette braise incandescente allumée par l'excellence des pionniers que furent Abebe Bikila, Mamo Wolde, Miruts Yfter et plus près de nous Haile Gebrselassie, Gete Wami et Derartu Tulu. L'histoire est simple et a été écrite maintes fois, dupliquée à l'identique.

Comme celle de Gebre Gebremariam vainqueur d'un jour. Sa victoire vient rassurer les hommes épiciers du pouvoir en place. Car Gebremariam, originaire du Tigré, porte sur ses épaules maigres comme une kalach désossée, la fierté du peuple tigréen qui a chassé les Rouges de Mengestu en 1991. Les Tigréens, fragile peuple de paysans du Nord de l'Ethiopie, ont encore besoin de ces exemples pour délimiter un territoire marqué par une très complexe et houleuse diversité d'ethnies et de pouvoirs régionaux. En Ethiopie on parle du "Temps des Princes" pour rythmer ce mouvement calendaire où le pouvoir glisse, de province en province. On ne sent pourtant pas de réelles rivalités ethno-géographiques entre un Haile Gebrselassie l'Amharique, et un Gebremariam le Tigréen. Tous les deux n'appartiennent qu'à un seul pays, celui de l'endurance.

Haile Gebrselassie.

Ejegayehu Dibiba et Derartu Tulu.

Kenenisa Bekele.

Le deuil est un épais brouillard où se confondent l'absence et la mort, l'espace et le temps. Ce drap humide et poisseux dans lequel s'enveloppent les romantiques pour pleurer le trésor d'une vie, pour tenter l'oubli par l'écriture des mots, pour chasser les ombres qui ne cessent de renaître, même dans la nuit la plus noire. Tenter de survivre ? Y-a-t-il plus difficile chemin de vie ? Y-a-t-il plus difficile mur du silence à franchir, le mur du "plus jamais". "Crois-tu donc qu'on oublie autant qu'on le souhaite" écrit Musset après la mort de George Sand lorsqu'il trempe sa plume dans les larmes de souffrance. Quand peut-on se croire guéri ? L'est-on à jamais ?

Un gros véhicule de couleur grise est arrivé bruyamment aux abords de l'église Medhani Alem. Se frayant un passage parmi les troupeaux d'ânes impassibles et une procession d'hommes, secs comme l'arbre mort, dépouillés et décharnés, sans sève et sans racine. Certains allongés comme abandonnés par la vie, d'autres accroupis entre deux mares d'eau, la main sur une canne comme seul lien avec une terre qui refuse de les nourrir, de les sauver. Tous enveloppés du gabi traditionnel, ce voile écru qui a pris la couleur de la terre, le gris du désespoir. Au pied du mur qui ceinture l'église, ces hommes et femmes ont rendez-vous avec le silence de l'oubli. Ils sont dans une douleur froide, dans une absence, dans une attente.

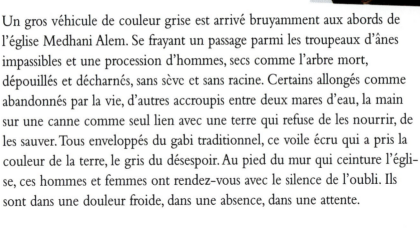

De ce gros véhicule, Kenenisa Bekele est sorti le premier sans qu'on prenne le temps de lui ouvrir la portière. Frêle insecte comme aspiré par la lumière d'un phare puissant, enveloppé dans un gabi replié sur ses épaules comme deux ailes protectrices. Le dos courbé, le regard à chercher un passage dans la poussière, Kenenisa Bekele s'est avancé sur le fil invisible de la souffrance pour rejoindre le tombeau de celle qu'il pleure. Alem Techale, son trésor perdu. Une femme marchait à ses côtés. La mère d'Alem, de noir vêtue. Une foule de curieux, de mendiants, de religieux et de gamins défroqués s'est écartée pour les laisser approcher du mausolée et prendre place aux côtés d'une statue recouverte d'un voile rouge. La statue d'Alem.

Kenenisa ne dit mot sur ce supplice. Ce rendez-vous avec l'absence, avec le vide, cinq mois après le décès brutal de celle qu'il avait choisie pour partager le chemin de son existence. Réaffronter ce désir qui n'est plus réel, ce manque qui impose son ultime suprématie. Etre homme, être mortel, être l'amant de mortel. Le deuil. Le silence. Kenenisa affronte la foule, plus compacte, plus oppressante. Les regards se font directs, inquisiteurs, cherchant la faille chez cet homme de marbre, qui s'est sculpté lui-même une légendaire infaillibilité sur les champs de course. On attend cette larme qui ne coulera pas. La source est tarie. Tout est en lui.

Kenenisa est aux quatre vents de son destin dans ce petit cimetière d'Asela, la ville natale d'Alem. La foule ondule comme un bateau ivre pour s'approcher de la statue érigée en mémoire d'Alem, les vieillards écrasés dans leurs sales oripeaux, les prêtes coptes se protégeant de leurs lourdes croix en psalmodiant des psaumes d'une voix sourde et profonde.

Bekele Abele, le sculpteur qui a fondu dans le bronze cette foulée pour l'éternité, cherche les honneurs, les mains croisées sur un ventre arrondi. Les deux jeunes reporters de la ETV, la chaîne nationale éthiopienne, jouent des épaules pour filmer le lever de voile suivi d'un long et lent travelling pour figer les regards éteints de ceux qui vivent désormais dans l'imparfait. La cérémonie ne dure que quelques minutes. Des photos sont prises. Hommes et femmes posés droit dans leur dignité et leur recueillement au pied d'une statue élancée qui semble défier la vie. Un essaim se forge autour de Kenenisa. Tesfaye Tenesgen, le chairman de l'église n'attend pas pour poser sa requête. "Regardez, vous avez construit un mur et une grille autour de cette tombe, je vous en prie, aidez-nous à construire la même chose tout autour du cimetière". On arrache Kenenisa qui ne formule aucune réponse. Il semble hanté par cette séparation, comme aspiré par un puits de silence alors qu'autour de lui la foule gronde de mille demandes, de mille requêtes. Les vieillards tendent des mains noueuses, des gamins pouilleux comme des chiens enragés, s'accrochent aux pans des vestons trop grands des notables. Kenenisa marche vite, il s'échappe, la gabi flottant sur ses épaules comme pour un envol. Il s'engouffre dans le gros véhicule. La foule s'arrête, des mains se tendent encore. Le véhicule disparaît. Seule la complainte des prêtres coptes flotte dans l'air qui tarde à se réchauffer.

Tous les records, toutes les médailles, tous les "doublés" qualifiés d'historiques comme celui de St-Galmier, tous les honneurs, toute la compassion, et encore moins le confort d'une vie matérielle ne viendront gommer ce jour tragique du 4 janvier où cette jeune espoir, championne du monde cadette du 1500 m et du 3000 m en 2003, s'éteignait, soufflée par un vent meurtrier. Ses proches vivent désormais dans l'acceptation. Dans l'affront. Affronter le regard des autres et son propre regard. Affronter son destin et celui des autres pour se situer dans l'éternité. Affronter les questions souvent semblables sur cette acceptation jusqu'à la fin du deuil. Pour arracher dans un demi-silence des souffles de réponse.

Quelques minutes après cette cérémonie, Kenenisa Bekele s'est de nouveau extirpé de son gros Toyota, marchant comme un pantin sous tranxène pour rejoindre les tribunes du stade d'Asela. Du milieu de la pelouse, Tolosa Kotu, l'entraîneur de toujours, le suit du regard. Il dit simplement : "Ne vous inquiétez pas pour lui, il va bien maintenant. Tout est redevenu calme. Il a bien fait de partir un mois et demi aux Etats Unis pour s'y entraîner. Là bas, il n'avait pas à affronter la critique. Il avait l'esprit tranquille".

Tolosa Kotu organise pour la première fois à Asela une course de détection à destination des jeunes de cette province. Le programme du jour est ainsi défini : cérémonie en la mémoire d'Alem, la course de détection dont le parrain est Kenenisa puis l'après-midi un match de football opposant deux équipes de la D1 éthiopienne. Première étape des "Muger Projects" portant le nom de cette cimenterie, une entreprise d'Etat injectant 2,6 millions de birrs par an le plus gros club de sport en Ethiopie dont un groupe de soixante dix coureurs basés à Addis Abeba.

Asela, c'est un petit Eldoret à l'éthiopienne, la capitale de la région Arsi qui a vu naître Haile Gebrselassie, Derartu Tulu, les soeurs Dibaba et Kenenisa Bekele pour ne citer que les plus célèbres. Le dynamisme économique de ce carrefour commercial n'est pas lié uniquement à son désenclavement routier assuré par la coopération chinoise. C'est également le fruit d'investissements réalisés par les coureurs eux-mêmes. Ici, un centre commercial dont le propriétaire n'est autre que Haile Gebrselassie. A deux pas, mais de l'autre côté de l'avenue, se cache derrière une palissade en tôle ondulée, les fondations d'une future construction financée par Kenenisa Bekele. Quelques mètres encore, cette fois à droite, émerge le chantier d'un futur et moderne centre commercial. Nom du propriétaire : Derartu Tulu. Descendons maintenant la rue pour rejoindre le stade puis l'église. Des coiffeurs, des vendeurs de tout et de rien et nous passons devant l'Ayelech Degefu Memorial School, une école construite par Haile Gebrselassie. Sans oublier les multiples petites échoppes toutes propriétés de marathoniens méconnus, qui viennent compléter cette "rue des coureurs" au jeu de Monopoly local. Asela vit avec et grâce à la course à pied.

Sur la ligne de départ, Heyilu Abebe a le regard sombre comme cette ligne d'horizon qui s'étire comme un océan d'encre noire. Il porte un short rouge effrangé, un tee-shirt noir offert par l'organisation et des chaussettes grises qui ondulent sur ses chevilles. Il est originaire de Fiche, une petite ville située à quarante kilomètres d'Addis Abeba. Pour venir jusqu'à Asela, la famille d'Heyilu s'est cotisée pour lui procurer les 56 birrs que coûte l'aller et retour en bus ainsi que les 12 birrs qu'il a dépensés pour dormir sur une banquette d'un hôtel où les hommes ont descendu puis pissé des bières en broutant du khat à 30 birrs la botte, jusque très tard dans la nuit. S'il remporte la course, il gagnera deux cents birrs soit l'équivalent d'un mois de salaire pour un modeste employé.

Non loin de lui, Tesfaye attend, lui aussi, le départ. Il est plus déluré, plus jovial et parle un anglais correct. Il ne fait pas son âge. Vingt ans peut-être. Sans doute, a-t-il triché pour s'engager chez les juniors. Il porte un short vert satiné, un maillot de foot bleu marqué "Viva Italia" et une paire de chaussures dont on voit deux gros orteils surgir de la toile. "Je veux être coureur", dit-il en se frappant la poitrine avec l'index droit, "Je viens de Bokoji, comme Bekele" en portant le pouce par dessus son épaule pour signifier le plein sud, "Je m'entraîne depuis six mois pour devenir coureur", répète-t-il pour bien faire comprendre sa motivation de s'en sortir par ses deux jambes.

Tesfaye, perdu loin dans le peloton slalomant entre moutons, zébus, ânes et chiens errants, ne sera peut-être jamais coureur. Il a tenté sa chance, il a perdu dans les rues défoncées et nauséabondes d'une ville qui grossit trop vite, rongeant les premières pentes d'une montagne à 2400 mètres d'altitude. Quand à Heyilu, vainqueur de la course "adulte" financée par l'association Mama Ethiopia qui ambitionne de construire un orphelinat et un stade à Nazret, c'est peut-être un nouvel avenir qui se dessine pour ce gamin de l'oubli né d'une campagne éthiopienne branchée sous perfusion alimentaire.

On dit des Amarhas qu'ils sont portés par la gravité et l'orgueil*. Le regard d'Heyilu ne sème aucun doute sur cette volonté de suivre les traces illustres d'une armée de coureurs conquérants. A la mi-temps du match de foot, face à la tribune, on lui remet une enveloppe contenant quelques billets gras et humides qui sentent l'odeur acide de l'injera.

L'an passé, pareille détection avait été organisée à Bokoji à l'initiative d'un manager Hollandais épaulé sur le terrain par le mari de Gete Wami. Dix athlètes furent ainsi pris dans la nasse de ce vivier pour rejoindre Addis Abeba et un camp d'entraînement spécifique. Douze mois plus tard, avec seulement une année d'entraînement, tous avaient réalisé moins de 2h 10' sur le circuit des marathons internationaux. Rencontré sur le stade d'Asela, le marathonien Haji Adilo explique : "Vous leur donnez simplement à manger, puis vous les entraînez et voilà le résultat". La formule semble aussi simple que les mélodies surannées de Abto Kebade* qui chante de sa voie aigrelette sur les ondes de Radio Ethiopia : "Dieu croit en nous, nous croyons en lui. Dieu nous donne l'espérance, nous avons espoir en lui... gita... gitayé... dieu... mon dieu !"

Sur la pelouse du stade, le groupe de musique Hawwisoo Arsii reprend les tubes de Mahmoud Ahmed et de Abto Kebade "gita... gitayé". Tsehay Edessa, le PDG de la cimenterie Muger, distribue les enveloppes aux vainqueurs. Kenenisa Bekele ne cille pas, du haut des tribunes, encadré par des frères protecteurs. Le vie est-elle une suite d'esquives afin d'éviter la logique d'un destin qui n'a de cesse de vous rattraper ? Pour le pire et le meilleur. Heyilu, le vainqueur du jour a des raisons de croire au meilleur. Kenenisa a vécu le pire. Entre amour et haine, il avance aux frontières de l'oubli.

ETHIOPIA

COUNTRY OF ENDURANCE

The white wine is good. One glass, two, three, the liveried waiters weave among the guests, tray in hand. The atmosphere is casual, even if good suits are de rigueur, even if the women, very rare, are elegant and bourgeois.
Haile Gebreslassie has made a very brief appearance. Courtesy and diplomacy oblige. Draped in a traditional white cloth which envelops his shoulders, white sandals on his feet, the same costume as the singers and dancers who are distilling pop songs on the little platform placed to the left of the big reception room. The girls are beautiful and slim, the men turn their heads like a sputnik in orbit. The dances are strange, like deep threnodies flirting with a range of sound running from deep to shrill. In the background, a singer as round as a piece of Turkish delight sends the echo of a deep voice from her thick, shiny lips. Verbal jousting, swirling, thundering, the sound of the electric harp crackles and sweeps away the sound of the singing. Gay, sparkling ambiance.
Siemens have rented a whole salon of the Sheraton to organise this reception on the evening of the national cross-country championships. Cooks in top hats will prepare you a mixture of vegetables and chicken, hands reach out towards plates of petits-fours decorated like arabesques of colour, you have to speak loudly to hear each other. Samuel Georges is going round shaking hands. He thanks his guests for having accepted the invitation to the sumptuous surroundings of the Sheraton. The men of the Federation are in suits; a few athletes are also present, like Gezahgne Abera, also squeezed into a fine suit, lamé and shiny. In such fine cloth, the Olympic marathon champion wears himself well. Only Kenenissa Bekele has left them in the lurch: not only the reception but the championships. The Federation might well try to explain it away as an injury, but nobody believes them.

Samuel Georges moves towards a little lectern to say a few words of welcome. His voice is hesitant. He feels that he is really being listened to, observed. He explains briefly why he has decided to support athletics: "The competitive world of international telecommunications of which we are part has certain similarities with this sport. The challenges are the same". In this salon, the Ethiopia of tomorrow listens attentively to the words of the young Managing Director, newly installed at the head of the Ethiopian subsidiary. It's the Ethiopia of tomorrow which is emerging, Ethiopia which is modernising, Ethiopia which is slowly getting rid of thirty years of suffering, enigmas, conspiracies, terror and servitude to a suicidal doctrine which has bled dry a country proud of its culture and its history. The choice of the Sheraton is, for that matter, absolutely strategic. "It's luxurious, too luxurious", some people murmur. Whatever. This place inspires hope even if outside, a few cable's lengths from this bunker, behind the high walls of this enclave protected by unsmiling security guards, the ordinary people suffer and die in the silence of the cold night of Addis Ababa. Corpses are picked up off the pavement like at the time of the Dergue and the EPRP and the children cry famine, their regard lost on an endless horizon.

This Frenchman of Ethiopian origin believes in the future of the country. He says it with the logic of a businessman, he underlines it with the heart of someone who loves his childhood home. "Ethiopia is in the process of democratisation. There are many things to improve, like the banking system for example, but Ethiopia and Sudan are the two countries which offer the biggest potential markets". So the investors are there. Ready to react when the Woyanes, the strong men of the State, agree to loosen the vice which stifles the economy through an over-centralised power system. Investors trapped between the hope that the floodgates of the liberal economy will finally open and the moral obligation to act for a country which is endlessly crying out its pain and wiping away its tears of suffering.

I move from table to table, from group to group, observing this privileged society. In my hand I hold some old photos taken more than twenty years ago during a first trip to Ethiopia. My first photos, my first report, my first steps in the red Africa of Colonel Mengistu, who imposed a bloody and suicidal form of Marxism on his people. On these photos some runners have an afro hairstyle, others are wearing long grey socks, one is thrusting out his chest in a vest representing the combat of Mohamed Ali. On another, Mamo Wolde, 1968 Olympic marathon champion, smiles at me through the lens. He is holding Abebe Bikila by the shoulder. A man explains to me that in fact Bikila is an adopted son of the great marathon runner. Hoping to find a trace of him, I ask: "Does he still live in Addis?". The man pulls a face: "No, I think he's in Switzerland". I continue on my way, photos in hand. I hand them to Eshetu Tura. 1981 is just the period of this runner, 3,000 metres steeplechase bronze medallist at the Moscow Olympics, sixth in the world cross-country championships in Rome in 1982. At over fifty, he's still good-looking. Tall, upright, narrow moustache, he looks carefully at the images. His neighbour says: "Look, that's you there". Eshetu Tura says: "No". A categorical "no" signifying his refusal to think about a past which gives him a bad conscience. A past which this former soldier, member of the Army club, refuses to let back to the surface of his thoughts. So as not to become lost again in the ideological labyrinth through which the then government led a whole people towards famine and terror. The time of enigmas, purges, conspiracies, exterminations, exile. The train of the dictatorship, its wagons loaded with horror.

I realise that it is useless to insist. I risk one question to his more talkative neighbour: "Can some of these runners be found?". There again, I get a categorical answer. I don't regret not having searched, that very morning among the people present, for traces of the runners with whom I might have been able to go back up the tumultuous watercourse in which Ethiopian society nearly drowned itself, paying in cash for the errors of Marxism.

So, this was the 22nd June 1995. The subtleties of the Ethiopian calendar made me eight years younger, more exactly seven years and eight months. I felt somehow lighter as I went to watch the national cross-country championship. On the way to the Jan Medda Polo Course, I looked in vain for signs of the so-much-hoped-for modernity. Indeed, a few internet huts had just opened in the city centre around the National Stadium, but the rest boiled down to a subsistence economy. Donkeys laden with sacks of flour threaded their way through the unrestrained ballet of a horde of blue Ladas operating as faithful but out-of-breath taxis, the azmari bets, little bistros where you are served scalding hot coffee accompanied by kolo, grilled wheat presented in little saucers, little people selling everything and nothing, undertakers displaying their coffins at every street corner, stalls of eucalyptus poles to build, on the gullied and already over-populated slopes of Entoto, maisonettes with minimum comfort…I didn't sense either pressure nor a particular tension in this vibrant, antiquated and disorganised life. The free and frail economy of the pavement and the street.

At the entrance to Jan Medda, soldiers guard the outer wall between the road and the gutter, lined with ramshackle huts into which are packed filthy and destitute families. What can there be to guard? The racecourse hasn't housed the horses of His Majesty Haile Selassie for a long time. The building is abandoned, the windows broken, the big ceremonial rooms decrepit and desolate. Empty. In a corridor, a bronze fresco representing the Negus, upright and imperial on his thoroughbred, is still fixed to the wall. How has it managed to escape the military purges? Mystery.

But the racecourse is the ideal place to organise a cross-country race. Right in the heart of the capital among the mosques, churches and office blocks. Having got through the security barriers at the entrance, I meet Richard Nerurkar. He is rushing around checking that the publicity banners covered with Siemens logos are in the right places. After the habitual greetings he says: "I have to check everything because here people still think that sponsorship is charity. Richard Nerurkar has taken the gamble of coming to live in Ethiopia. This is all the more surprising given that his main ambition, when coming to live in district 22 with his wife and little girl a few months earlier, was to launch a big popular race based on those found in England, the Great North Run and the Great South Run. In Ethiopia, bled dry economically, this might seem at first sight to be somewhat idealistic, born out of the naiveté and optimism of a Third-World specialist. But Richard Nerurkar is someone with a gift for diplomacy and courtesy. Does it come from his Indian father? It's possible. With patience and skill this former international has learned Amharic, a subtle language which sometimes hides unpalatable truths in the double meaning of its words. The task doesn't frighten him. He already speaks French, German, English and Russian. A few weeks later, Richard presents his race project to the Federation in perfect Amharic, a Federation which itself tries to centralise everything, like the current regime. He says bluntly: "Here, nothing can be done without the Federation". Thus he gets to know Haile Gebrselassie, the only man in this mutant Ethiopia who can open apparently locked doors and give life to initiatives which go beyond the conservatism and restraint of the State machine. Result: 16,000 runners sweep through the streets of Addis Ababa, Haile Gebrselassie and his legendary smile leading the way on a motorbike driven by a soldier in fatigues.

Near the entrance to Jan Medda is the police orchestra, young girls draped in white whose job is to hand out the medals, Ethiopian television which has laid out its equipment for a complete live transmission on the national channel, officials wearing fine yellow shirts that Haile Gebrselassie has had to pay out of his own, famously generous, pocket and three hundred soldiers to watch over the public, which is held well away. Why? Richard Nerurkar explains: "Here, the Federation has a horror of cheats, runners who hide in the crowd and join the race here for the last lap. And they don't like the public to have too close a contact with the race. In Europe we like that kind of proximity, but here it is perceived as generating too much tension and there is fear that things might get out of hand". But what surprises me the most is the absence of the managers who usually prowl around to fill out their portfolio of athletes. There again, the protectionism of the Federation has limited the number of these intermediaries to three. I shake hands with Gianni di Madonna who is risking the Ethiopian market again after having been disillusioned a few times in the past. He has heard that the new President of the Federation wants to open things up more. But someone whispers to me that the dignitaries who are there today are not ready for change.

Ethiopia is surrounded by "No Trespassers" signs. The American Mark Wetmore, manager of Derartu Tulu, Fatuma Roba, Birhane Abere and of the young hopeful Gebremariam, doesn't put it exactly like that, hiding behind a more conciliatory phrase: "The Federation imposes its rules, it's up to us to accept them". I have to turn to Getaneh Tessena to get a frank explanation of this protectionism, of an Ethiopia which has still not eradicated the statues of Karl Marx and Lenin from the parks of its capital, nor the hammer and sickle which still decorate the obelisks whose peaks pierce the cloudy skies of Addis Ababa.

Getaneh Tessena is the husband of Gete Wami. The triple world cross-country champion is there in person at the Jan Medda Polo Racecourse. She is not taking part because, dressed in a fine white tracksuit, she is languidly showing off her well-advanced pregnancy. Getaneh is a frank, sincere man. Tall, strong, jovial, a bit fleshy, he has lost his slim runner's silhouette since an accident ended his career. One could say that he's become a member of the bourgeoisie. But let's not make hasty judgements. He has taken his place in the economic life of his country since he made the choice to return to Addis after ten years of exile in the Netherlands. Officially, he is the Ethiopian representative of the manager Joos Hermens who runs, as a bureaucratic privilege (Hermens pays $15,000 each year to the Federation to have the right to manage Ethiopian runners) the long career of Haile Gebrselassie and 35 other Ethiopian athletes. This gives Getaneh Tessena the freedom to talk about and to judge a system which he criticises while finding himself torn between bitterness, illusion and hope. As someone who has tried to open a private club, he says: "Yes, it's not always easy to work with the Federation. We obtain invitations, we place athletes. But sometimes at the last moment the Federation forbids overseas travel and refuses to deliver a visa. This creates conflicts with the athletes who prepare and then find themselves denied the right to run at the last moment".

As Ethiopia has still not moved into the 21st century, the centralised powers-that-be dictate a slow pace which doesn't offer many ways out. Ethiopians look with curiosity and sometimes envy at their Kenyan neighbours, where a substantial athletics-based economy has developed thanks to the spirit of free enterprise, but the time has not yet arrived to take the keys to liberty out of their safe. Some people are losing patience, like Doctor Yelma, national trainer for nearly 20 years after studying physical education at Prague from 1974 to 1982. After eight long years studying in a fellow Eastern-bloc country, he let himself be convinced by Miruts Yfter and Mohamed Kedir to come home and serve his country, despite the prison-like atmosphere of the red dictatorship. He did the job toeing the government line but with the passion of a coach, bringing home a nice bunch of medals after each major championship. So many medals that he can't say which has the strongest memory for him. He is a severe man, strict and with a cold, almost haughty manner. But when he explains his desire for independence, he suddenly takes you into his confidence. Kicked out of the Federation for reasons clouded in mystery soon after the Sydney Olympics, despite the three gold medals won by Derartu Tulu, Haile Gebrselaissie and Gezehagne Abera, Yelma, this man who was replaced by Torosa Kotu, the former army coach, is waiting. He says, constantly fiddling with his mobile 'phone as if expecting an urgent message: "I'm a free man", and dreams of a Kenyan-style system with coaches trained in the school system, with the organisation of private training camps and the management of athletes without the yoke of an omnipotent Federation.

On the race field where the vultures and crows soar, where men and women have dug holes in the ground to construct makeshift shelters, hiding under old rags and a few lengths of wood, the races take place with millimetric precision. I meet men who are profoundly courteous and officials who have a sense of duty and of perfection. The runners you speak to always have the same recognisably Ethiopian reserve. Twenty years earlier, I would have interpreted this lack of contact as the fear of expressing themselves in front of a Farendj (white foreigner). Today, I understand their reserve and their shyness. They are simple men and women who for the most part have discovered running at the end of their adolescence. Few have had any education and all are from a poor background, from the region of Arsi or Awasa in the heart of the Amhara country, south of Addis Ababa, where, on the high plateaux, they grow teff, the cereal from the which the national dish, injera be wat, is made. As soon as they obtain convincing results, the state clubs recruit them, guaranteeing them a privileged job with a salary equivalent to twice the local minimum wage (50 euros per month). A new life starts for them. A life of hope, running across the incandescent embers lit by the excellence of the pioneers Abebe Bikila, Mamo Wolde, Miruts Yfter and, more recently, Haile Gebrselassie, Gete Wami and Derartu Tulu. The story is simple and has been written many times, identical reproductions.

Like the story of Gebre Gebremariam, the winner of today's long cross-country race and last year's junior world cross-country champion at Dublin. His victory reassures the men who ration out the ruling power. Because Gebremariam, originally from Tigré, carries on his shoulders, thin as a stripped-down Kalashnikov, the pride of the Tigrean people who drove out Mengestu's Reds in 1991. The Tigreans, fragile farming people from the north of Ethiopia, still need examples like this to stake their claim to a territory marked by a very complex and turbulent diversity of ethnic groups and regional powers. In Ethiopia people speak of "The Time of the Princes", to give rhythm to this movement where power changes hands from province to province. But there is no real feeling of ethno-geographical rivalry between someone like Haile Gebrselassie, Amharic, and Gebremariam, Tigrean. Both of them belong to a single country, that of endurance.

ETHIOPIA

THE TEARS OF ASELA

Mourning is a thick fog where absence, death, space and time meet. The damp, sticky sheet in which the romantics wrap themselves to weep for the treasures of a life, to reach oblivion by writing words, to chase away the shadows that keep coming back, even in the blackest night. Trying to survive? Is there a more difficult path through life? Is there a more difficult wall of silence to cross, the wall of "never again"? "Do you believe that we forget as much as we'd like to?", wrote Musset after the death of Georges Sand, dipping his pen into tears of suffering. When can one consider oneself healed? Is one ever healed?

A big grey vehicle arrives noisily alongside the church of Medhani Alem. Forcing a passage among herds of impassive donkeys and a procession of men, dry as dead trees, destitute and emaciated, without sap or roots. Some lying down as if abandoned by life, others crouching between two puddles, hands on canes as the only link to an earth which refuses to nourish them, to save them. All wrapped in the traditional gabi, unbleached linen that has taken on the colour of the earth, the grey of despair. At the foot of the wall surrounding the church, these men and women are withdrawn into the silence of oblivion. They are in a cold pain, an absence, waiting.

Kenenisa Bekele is first out of the big vehicle, even before anyone has the time to open the door for him. Like a frail insect drawn in by the light of a powerful lamp, enveloped in a gabi folded over his shoulders like two protective wings. Back bent, looking for a way through the dust, Kenenisa Bekele moves along the invisible thread of suffering to the tomb of she for whom he still weeps. Alem Techale, his lost treasure. A woman walks beside him. Alem's mother, dressed in black. A crowd of bystanders, beggars, priests, and ragged children opens to let them approach the mausoleum and stand next to a statue covered with a red veil. The statue of Alem.

Kenenisa says nothing about this torment. This meeting with absence, with nothingness, five months after the brutal death of the woman he had chosen to share the path of his existence. To confront once again the desire which is no longer real, the emptiness which imposes its ultimate supremacy. To be a man, to be mortal, to be the lover of a mortal. Mourning. Silence. Kenenisa confronts the crowd, more compact, more oppressive now. Their looks become more direct, inquisitive, looking for the flaw in this man of marble, who has sculpted for himself a legendary infallibility on the running track. They are awaiting a tear that will not fall. The source has dried up. Everything is inside him.

Kenenisa is at the crossroads of his destiny in the prayer-filled cathedral that is the little cemetery of Asela, the birthplace of Alem. The crowd heaves like a rudderless boat to get nearer to the statue erected in memory of Alem, old people crushed in their dirty rags, Coptic priests protecting themselves with their heavy crosses while chanting psalms in deep, muted voices.

Bekele Abele, the sculptor who has captured Alem's stride in bronze for eternity, looks for honours, hands crossed over a rounded belly. The two young reporters from ETV, the Ethiopian national channel, push through the crowd to film the lifting of the veil, before making a long tracking shot to capture the lifeless expressions of those who henceforth live in the past. The ceremony only lasts a few minutes. Photos are taken. Men and women posed upright in their dignity and their contemplation at the foot of a slender statue which seems to defy life. A swarm forms around Kenenisa, Tesfaye Tenesgen, the chairman of the church doesn't hesitate to make his request. "Look, you have built a wall and railings around thus tomb, please, help us to build the same thing right round the cemetery". Kenenisa is dragged off by his bodyguards and makes no response. He seems to be haunted by the separation, as if drawn into a well of silence while around him the crowd mutters a thousand demands, a thousand requests. Old men hold out gnarled hands, children as verminous as mad dogs cling to the oversize jackets of the worthies. Kenenisa walks quickly, he escapes, the gabi floating around his shoulders as if for take-off. He dives into the big vehicle. The crowd stops, hands still held out. The vehicle disappears. Only the lament of the Coptic priests floats in the air which is slow to warm up.

All the records, all the medals, all the "doubles" qualified as historic like that of St-Galmier, all the honours, all the compassion, and even less the material comfort won't erase the tragic day on the 4th of January when the young hopeful, junior 1,500 metres and 3,000 metres world champion in 2003, dropped dead, carried off by a fatal coup. Henceforth, Kenenisa Bekele has to live with acceptance. In a constant affront. Facing the looks of others, and his own. Facing his destiny and that of others so as to find his place in eternity. Facing questions, often the same ones, about his acceptance until the end of his mourning. To drag out of him, in semi-silence, the mumbles of an answer.

A few minutes after the ceremony, Kenenisa Bekele once again surges out of his big Toyota, walking like a tranquilised puppet to the grandstand of Asela stadium. From the middle of the field, Tolosa Kotu, his long-time trainer, follows him with his eyes. He says simply: "Don't worry about him, he's alright now. Everything has become calm again. He did the right thing in going to the USA for one and a half months to train. There, he didn't have to face any criticism. He had peace of mind".

For the first time at Asela Tolosa Kotu has organised a talent-spotting race for the youngsters of the province. The programme for the day has been planned as follows: ceremony in memory of Alem, the talent-spotting race of which Kenenisa is the sponsor, then in the afternoon a football match between two Ethiopian first division teams. First stage of the "Muger Projects", carrying the name of the cement-manufacturer, a State-run company which finances, to the extent of 2.6 million birrs a year, the biggest sports club in Ethiopia, including a group of seventy runners based in Addis Ababa.

Asela is a little Ethiopian Eldoret, the capital of the Arsi region which has produced Haile Gebrselassie, Derartu Tulu, the Dibaba sisters and Kenenisa Bekele to name only the most famous. The economic dynamism of this commercial crossroads doesn't only depend on the road link, opened up thanks to Chinese co-operation. It is also a result of investments made by the runners themselves. Here is a shopping centre whose owner is non other than Haile Gebrselassie. Right nearby, but on the other side of the avenue and hidden by a palisade in corrugated iron, are the foundations of a future building financed by Kenenisa Bekele. A few metres further on, on the right this time, emerges the site of a future, modern shopping centre. Owner's name: Derartu Tulu. Now go down the street that leads to the stadium and the church. Hairdressers, stalls selling everything and nothing and you pass in front of the Ayelech Degefu Memorial School, built by Haile Gebrselassie. Not forgetting the many little shops belonging to little-known marathon runners which fill in the blanks on this "runners' street" of the local Monopoly board. Asela lives with, and thanks to, running.

On the starting line, Heyilu Abebe has an expression as dark as the horizon which stretches away like an ocean of black ink. He's wearing frayed red shorts, a black tee-shirt given to him by the organisers and grey socks flapping around his ankles. He comes from Fiche, a small town forty kilometres from Addis Ababa. So that he could come to Asela, Heyilu's family has clubbed together to provide the 56 birrs for the return bus journey as well as the 12 birrs that he has spent to sleep on a banquette in a hotel where men drink and then piss beer, all the time chewing khat at 30 birrs a bunch until very late in the night. If he wins the race, he'll get two hundred birrs, the equivalent of a month's salary for an ordinary employee.

Not far from him, Tesfaye is also waiting for the start. He is smarter, more jovial and speaks correct English. He doesn't look his age. Twenty perhaps. No doubt he's cheated to enter the junior race. He's wearing satiny green shorts, a blue football shirt with "Viva Italia" printed on it and a pair of canvas shoes out of which emerge two big toes. "I want to be a runner, he says", tapping his chest with his right index finger, "I come from Bokoji, like Bekele", gesturing with his thumb over his left shoulder to indicate the south. "I have been training for six months to become a runner", he repeats to make sure that his motivation to improve his lot by using his legs is well understood.

Tesfaye, lost in the middle of the pack weaving between sheep, zebus, donkeys and stray dogs, will perhaps never make a runner. He has tried, he has lost in the potholed, foul-smelling streets of a town which is growing too quickly, eating into the lower slopes of a mountain at an altitude of 2,400 metres. As for Heyilu, winner of the "adult" race financed by the association Mama Ethiopia, which aims to build an orphanage and a stadium at Nazret, perhaps it's the start of a new future for this child from nowhere, born in the Ethiopian countryside fed through a perfusion of humanitarian aid.

It is said of the Amarhas that they are borne on gravity and pride. Heyilu's expression leaves no doubt about his will to follow in the illustrious footsteps of a conquering army of runners. During the half-time break in the football match he receives an envelope containing a few damp, greasy banknotes which give off the acidic smell of injeras.

The previous year a similar talent-spotting race had been organised at Bokoji on the initiative of a Dutch manager helped in the field by the husband of Gete Wami, double world cross-country champion. Ten athletes were netted from this spawning ground to go to training camps in Addis Ababa. Twelve months later, after only a year of training, all of them had achieved times of under 2h 10' on the international marathon circuit. At the stadium of Asela, I met Haji Adilo, a marathon runner who would like to do the same thing. He explained: "You give them something to eat, you train them, and you can see the result". The formula seems as simple as the outdated melodies of Abto Kebade who sings in his shrill voice on Radio Ethiopia: "God believes in us, we believe in him. God gives us hope, we have hope in him…gita…gitayé…God, my God!"

On the grass of the stadium, the music group Hawwisoo Arsii plays the hits of Mahmoud Ahmed and Abto Kebade, "gita…gitayé". Tsehay Edessa, the Chairman and Managing Director of Muger Cement distributes envelopes to the winners. Kenenisa doesn't bat an eyelid, high in the stands, surrounded protectively by his blood-brothers. Is life just a succession of sidestepping moves aimed at avoiding the logic of a destiny which never stops catching up with you? For better or worse. Heyilu, the winner of the day, has reasons to believe in the best. Kenenisa has lived through the worst. Between love and hate he moves towards the frontier of forgetting.

UN TRIANGLE DE VIE

Moses Kiptanui quitte son bob et le pose sur une table encombrée de quelques bouteilles de soda et de paquets de tee-shirts. Autour de lui se forme un carré de chaises et de tables où les officiels sont conviés pour un débriefing d'après-meeting.
Le stade est vide et gorgé d'eau, le ciel lourd comme un pis de vache n'en finit pas de se vider. Sous ce ciel qui semble vous tomber sur les épaules, les petits vendeurs de bananes, biscuits et arachides ont tous fui comme une nuée de corbeaux apeurés. La journée est finie.
De l'autre côté de l'enceinte du stade, une locomotive passe. Train fantôme sortant des brumes de chaleur. Le cri strident de la sirène vient rompre la monotonie du martèlement de la pluie sur la tôle ondulée.

Moses prend la parole en se frottant les mains. Il parle de sa voix chaotique et parfois mal assurée. Il est écouté religieusement par des hommes et femmes qui ont froid, tous recroquevillés dans d'épais anoraks.
Je reconnais de vieux juges, Amos Rono, Boniface Tyren que j'ai croisés dans le passé. On se fait signe de la main. Je reconnais également Paul Ruto, champion du monde du 800 m à Stuttgart en 1993.

Moses Kiptanui demande alors à Moses Tanui de se lever et de dire quelques mots. Les mains croisées sur le ventre, le champion du monde du 10 000 mètres sacré à Tokyo puis double vainqueur de Boston, dans un mélange d'anglais et de swahili, remercie du travail accompli par ces bénévoles. Puis on distribue les tee-shirts rouges. On appelle les noms les uns après les autres. C'est la fin de la première journée du meeting d'Eldoret.

Je retrouve toujours, non sans plaisir, Eldoret et son petit stade portant le nom de Kipchoge Keino. Celui-ci a été construit sur les hauteurs de la ville, sur la route d'Iten, de l'autre côté de la voie ferrée qui émerge à peine des herbes folles, non loin de la prison et de la dernière station service où les matatus font le plein d'essence. Rien n'a changé. Immuable Afrique isolée face à son destin. Le même parking boueux où se sont garés des camions militaires au cul desquels des coureurs mangent une platée de riz dans des gamelles en plastique. Les même chiottes où l'odeur d'urine vous prend à la gorge lorsque vous longez le mur d'enceinte. Le même et unique robinet d'eau où s'agglutinent comme des mouches des coureurs crottés comme des crossmen. La même piste défoncée, rongée par les pluies. Les mêmes employés du stade qui, les uns arrachent des touffes d'herbe, les autres tentant en vain de retracer des lignes blanches à la chaux. Les mêmes spectateurs endimanchés, sages comme des images qui ne s'enflamment que rarement. Pleins de sagesse et de retenue. Le même photographe qui à l'aide d'un vieux Yashica des années 70, prend méticuleusement chaque officiel, chaque coureur dans l'espoir de vendre pas plus tard que le lendemain, le cliché pour quelques shillings. La pose est simple, clic clac, de pied, sourire posé.

Cela n'a rien d'un temple. Tout juste un creuset de fortune, une mine à ciel ouvert, une découverte où se construisent malgré le dénuement, la désuétude des lieux et l'infortune d'un continent oublié, toute l'histoire et la dynamique de l'athlétisme kenyan. L'histoire, c'est Kipchoge Keino. Il est là. Le sage, le patriarche, l'élu d'un peuple. Toujours aussi alerte, portant sa soixantaine avec une forme d'allégresse qui impose le respect. Il s'est assis sous les tôles de la tribune officielle à disserter aux côtés de Brother Colms. Je retrouve également Ismaël Kirui. On se salue. Moses Tanui qui est à ses côtés le prend par les épaules et dit : "Lui, c'est the young man". Ismael Kirui sourit avec timidité. Le même visage juvénile pour celui qui fut en 1993 sacré champion du monde sur 5000 m. A l'autre bout du stade, Daniel Komen s'est réfugié, assis sur une barrière de steeple, sous un immense parapluie. Les 1500 s'enchaînent, les 5000 s'enchaînent, les 10 000 s'enchaînent selon un cérémonial qui semble immuable. Parfois jusqu'à 12-14 séries de 16 coureurs. Une ronde incessante creusant un sillon dans un couloir boueux comme une cour de ferme du siècle dernier. Parfois Daniel Komen sort de son ombre et de sa réserve pour encourager les siens. Il a dans le regard une forme d'absence qui me met en retrait.

Un Masaï aux oreilles percées lance le javelot. Un grand dégingandé tente de sauter une barre de hauteur placée à 1,80 mètres dans un style peu académique. Le sautoir n'est fait que d'une vieille mousse détrempée qui n'inspire pas confiance. La barre semble avoir été redressée maintes et maintes fois à coup de marteau. Elle ondule sur les taquets. On utilise un vieux mètre ruban pour ajuster au mieux la hauteur. Que dire du concours de la perche ? La barre ne monte guère plus haut que trois mètres. Au-delà, il serait déraisonnable que ces kamikazes sautent, perche rigide comme des mâts de voilier, au risque de se briser les reins. Que dire du sprint sans starting block ? Seul un sprinter a bricolé en bois des starts miniatures. C'est sa fierté. Deux gros clous tordus permettent de fixer l'engin dans la cendrée. Que dire du steeple où de gros sacs de terre ont été posés sur le ciment afin d'éviter le risque de chute ? Suis-je bien au Kenya ? Suis je bien au pays où les coureurs sont rois ? Suis-je bien sur cette terre promise de l'athlétisme ?

Il n'y a pas plus d'un tour de piste à effectuer pour trouver ceux prêts à déballer leur découragement, ceux prêts à dénoncer la corruption et la gabegie généralisées. Moses Tanui le premier, Yobes Ondieki en second, champion du monde sur 5000 m à Tokyo et premier coureur au monde sous les 27 minutes sur 10 000 mètres. Je les ai croisés, au beau milieu du terrain central, en plein débat sur l'oubli dans lequel est plongé l'athlétisme de base, celui des écoles et des petits meetings locaux. Je leur pose la question : "Les bénévoles sont sans moyens, cette piste est déplorable, vous voyez, un seul point d'eau pour se laver pour mille coureurs, mais où passe l'argent ?". Leur réponse ne se fait pas attendre pour affirmer sans baisser la voix : "Dans les poches de certains". Yobes Ondieki, gestionnaire d'une salle de fitness à Eldoret, a toujours été vindicatif. En marge d'un système qu'il n'a jamais cessé de dénoncer. Moses Tanui de l'interpeller : "Mais vas-y toi, c'est à toi de monter au créneau et de dénoncer tout cela. C'est à toi de prendre la Fédération en charge". Puis s'ensuit un dialogue plein de passion pour critiquer le manque de patriotisme des jeunes coureurs de suite pervertis par le "system". Sans oublier le rôle parfois pervers des managers occidentaux développant des stratégies d'enrichissement personnel sans concertation avec une démarche collective propre à une Fédération.

Boniface Tyren nous a rejoints dans ce débat où le discours s'est radicalisé en quelques années pour dénoncer l'émergence de générations kleenex. Secrétaire de Ligue, Boniface est l'un de ces bénévoles anonymes qui promène sa passion pour l'athlé au gré des meetings de province et parfois au gré des rendez-vous internationaux lorsque les coureurs de sa ligue font pression sur la Fédération pour imposer sa présence.
Il parle des athlètes au possessif sans que je puisse vraiment définir quel rôle il joue réellement dans leur destinée sportive. Je découvre ainsi que Mike Rotich, le vainqueur du marathon de Paris est "son" athlète. Aussitôt, je rebondis en le questionnant : "Alors, vous savez où il habite. Est-ce loin d'Eldoret ?". Il me répond : "Non pas trop". Je me méfie d'une telle réponse qui peut signifier un voyage pouvant prendre la journée. "Non, non il n'y a pas plus de 80 kilomètres" me rassure-t-il. Nous convenons alors de nous y rendre peu après la fin de la seconde journée du meeting d'Eldoret.

Le plein d'essence effectué, un kilo de bananes acheté, nous prenons donc la route d'Iten puis plein Nord, celle de Kapcherop, en direction des montagnes de Kabiego. En route, nous parlons de son boulot d'instituteur, d'éducateur et d'entraîneur. Il me lâche non sans lassitude dans la voix comme s'il s'agissait d'une mission vouée à l'échec : "Nous travaillons sur le respect de l'autre, sur l'intérêt de suivre un cursus scolaire coûte que coûte en parallèle de l'athlétisme et puis nous travaillons sur la prévention contre le sida, sinon notre peuple va disparaître.". Nous évoquons ensemble le décès de Kim Mc Donald, ce manager anglais qui fut le premier à installer et à financer avec l'aide de Puma, des camps d'entraînement au Kenya. Là encore, Boniface ne cache pas son désappointement : "Depuis sa mort, tout a changé. Moins d'argent, plus de managers sans scrupules, moins d'argent pour les camps de jeunes.". Les temps sont durs.

Sur la route, une Afrique rurale déroule sa pauvreté ou sa misère. Je ne sais établir la frontière entre ces deux mondes où se côtoient le néant, l'incertitude et la désespérance. Parfois, Boniface me sort de mes songes pour attirer mon attention : "Ici, ce sont les terres de Moses Kiptanui.". "Tenez, là, c'est la ferme de Paul Ereng.". En traversant un village, il baisse la voix comme s'il craignait de réveiller de mauvais esprits et me dit : "Ici, c'est la ville natale de Samson Kitur.". Je lui demande quelles sont les vraies raisons de la mort de cet ancien coureur de 400 mètres. Il me répond en chuchotant : "Il se serait suicidé car sa femme l'aurait ruiné après l'avoir quitté.".

Il s'anime enfin lorsque j'évoque la question suivante : "Vous n'avez pas le sentiment que l'entraîneur kenyan est méprisé et que l'on ne le reconnaît pas à sa vraie valeur ?" Boniface se met alors à gesticuler sur son siège à l'évocation d'un sujet qui met à mal la sensibilité de l'ensemble des entraîneurs noirs africains. Il me répond : "Lorsqu'un journaliste arrive ici au Kenya, qui va-t-il interviewer ? Si un entraîneur est invité sur un colloque, qui sera invité ?" Je réponds avant même qu'il ne me donne sa réponse : "Brother Colms". "Oui, vous avez raison, c'est Brother Colms parce qu'il est blanc. Et nous alors, quelle valeur avons-nous ?".

Lorsque nous quittons la route pour un chemin en latérite, je pense être arrivé. Nous stoppons dans un fond de champ où l'on a dressé un chapiteau. Je comprends qu'il s'agit d'une fête de famille suite à des funérailles. On repart en embarquant deux personnes. L'un se présente : "Je suis Charles Kibiwot, je suis le vainqueur du marathon de Reims. Vous êtes Français, c'est vrai ?".
Nous arrivons enfin au sommet d'une colline après une heure de piste défoncée et boueuse à déjouer les pièges des ruisseaux qui ont gonflé avec les fortes pluies. Un simple carrefour avec une petite épicerie portant le nom de Mkimbizi Hotel, un dispensaire, le Rumuruti Health Center, un gros tracteur, un 4x4, des poules, des gamins, des chiens endormis par la chaleur. Boniface est déjà prêt à sortir : "C'est ici". En réalité, il s'agit non pas de la maison de Mike Rotich mais d'un camp d'entraînement qui a été construit en 1999 par Joseph Chebet, le double vainqueur de Boston et de New York. En propriétaire des lieux, c'est lui qui me reçoit après que nous ayons franchi la porte brinquebalante dans une palissade faite de gros rondins mal ajustés. A droite, un gros tas de bois pour alimenter un gros four qui sert à chauffer l'eau, à gauche une ruche bourdonnante pour fabriquer du miel. Au fond, un gros manguier donnant de l'ombre au pied d'une ran-

121

gée de chambres où des hommes attendent que le temps défile. Joseph Chebet pourrait vivre aux côtés de sa femme et de ses trois enfants, installés dans la maison familiale à deux pas de ce camp mais il me signifie : "Ici, c'est mon travail et c'est un "serious business". On installe des chaises en rond, les hommes sortent de leurs chambres, deux coureurs arrêtent une partie de billard, on discute. On me présente Mike Rotich. De toute évidence, cet homme ne peut avoir 21 ans comme il l'a été dit à Paris. De par ses traits marqués et profonds, l'âge de ce marathonien intimidé par ma venue est plus proche des 30 ans que des 20 ans.

Là encore, je me sens en décalage face à une double réalité. Je fais face à quelques-uns des meilleurs marathoniens de cette planète alors que les lieux inspirent une rusticité et un dépouillement propres à un camp de travailleurs immigrés. Mike Rotich de reprendre les termes de Joseph Chebet : "Notre boulot, c'est courir. Nous n'avons pas de sécurité, pas d'assurance. Mais c'est notre travail. Dieu seul est notre sécurité". Quinze coureurs appartiennent à ce camp retranché aux pieds de montagnes qui rougeoient sous l'effet d'un ciel menaçant face à un orage pressant. Je visite les lieux. Trois coureurs par chambre. Allez, pas plus de neuf mètres carrés. C'est à peine si l'on peut tourner autour des trois lits. Mike Rotich partage la sienne avec Peter Chebet et David Ruto. Atmosphère confinée. Plus loin une cuisine, un réfectoire en terre battue, une salle de jeu avec billard et télé, un générateur pour alimenter l'ampoule qui pend au bout d'un fil torsadé. Seul Joseph Chebet a un traitement de faveur. Il est seul dans une chambre. Privilège du propriétaire. Je pose cette question : "La Fédération est-elle déjà venue vous rendre visite ?" La réponse de Joseph Chebet est simple. Un "non" appuyé. "La Fédération ? mais elle ne s'intéresse de rien. Elle n'aide personne. Lorsque l'on gagne un marathon comme New York, nous n'avons même pas droit à un merci. C'est nous qui finançons tout ici".

Ce sont des hommes rudes et secrets comme le marbre froid, qui portent encore en eux les liens non dénoués d'un monde rural où la résignation s'impose pour surmonter les épreuves de la vie. Que peut représenter la souffrance de courir un marathon ? Bien peu de chose ?

On me presse alors de partir. La nuit arrive, l'orage aussi. "Si vous ne partez pas, vous resterez bloqué par la pluie et la montée des eaux". La nuit est vite apparue effectivement, la pluie est vite arrivée. Le noir est tombé sur la piste et le bush, un écran presque impénétrable. En quelques minutes, les ombres ont disparu, les rares lumières se sont éteintes. Je roulais avec l'étrange sentiment d'être à bord d'un continent à la dérive. Je ne captais plus aucune station de radio. J'étais seul.

Le soir tard, j'ai retrouvé mon hôtel, l'Eldoret Club. J'y croisais Daniel Komen esseulé à une table basse sirotant un Fanta à même le goulot. Au bar, des hommes buvaient de la bière et du vin sud africain. Un feu de cheminée avait été allumé. L'ambiance était triste, presque mélancolique.

Le lendemain, je reprenais très tôt la route de Nairobi avec le sentiment que l'athlétisme kenyan traverse une réelle crise de croissance. Trop d'athlètes, trop de managers, trop de camps d'entraînement, trop de jeunes aspirés et broyés par le "system" ?
Sur cette route d'Eldama Ravine, je croisais des femmes accroupies sur les bas-côtés. Un petit pot de lait à leur côté dans l'attente qu'un petit ramasseur à vélo vienne chercher ce maigre butin fermier. Je pensais alors que les problèmes de la Fédération kenyane n'étaient que bien peu de choses face au quotidien de ces femmes et de ces hommes nageant dans les eaux profondes de l'oubli et de la survie.

Lorsqu'il n'est pas construit, le voyage réserve parfois des surprises. La rencontre avec Wilson Boit Kipketer, champion du monde du 3000 mètres steeple en 1997, en fut une. Un contact dans un village, puis un second, relayé par un jeune homme acceptant de me conduire à la ferme familiale de Wilson à Tingwa Farm me permettait de rentrer en contact avec celui qui fut recordman du monde du steeple avec 7'59"08. Wilson Boit Kipketer habite Ngong, une grosse cité satellite de Nairobi qui s'est développée anarchiquement sur les collines ceinturant la capitale kenyane. En traversant cette cité grouillante, nous sommes bien loin du romantisme colonial décrit dans les romans de Karen Blixen.

Si Joseph Chebet a choisi un lieu reclus pour installer son camp d'entraînement, Wilson Boit Kipketer a préféré la proximité de Nairobi. Il s'agit d'une grosse maison à deux étages mal finis, dans l'attente d'extensions futures. La bâtisse est plantée au milieu d'une grande cour ceinturée d'une large enceinte. Au portail, un garde surveille les allées et venues. A deux pas, le moteur d'une minoterie crache une fumée noire et un bruit de réacteur lancinant.
Des chèvres, des poules, des enfants qui s'amusent dans les marches conduisant à l'étage. Des femmes passent, le bébé planté sur la hanche, des coureurs assis sur des chaises à trois pieds qui lisent le Nation. Voilà bien un vrai lieu de vie. Wilson Boit Kipketer me reçoit dans un petit salon. Ça crie, ça piaille, un bébé à quatre pattes passe, une maman le rattrape par un pied, on nous sert le thé, Wilson s'allonge pieds nus sur un sofa en déconnectant son téléphone portable. L'interview peut débuter. Ma première question est la suivante : "Je suis vraiment surpris par l'atmosphère de ce camp d'entraînement. Ailleurs, c'est le calme, le repos, ici, cela me semble familial. Comment assumez-vous la gestion de ce camp dans un tel contexte ?". Sa réponse est la suivante : "En fait, je délègue tout. Ma femme s'occupe de la maison et des enfants, mon frère s'occupe de la ferme et de mes affaires, moi je m'occupe seulement des coureurs. Et à eux, pour que nous puissions vivre en harmonie, je ne leur demande qu'une seule chose. Je leur demande le respect".

Puis nous parlons technique et je découvre non sans satisfaction que Wilson Boit Kipketer vit dans l'obsession d'une technique de course idéale et irréprochable. Le steepler kenyan coureur d'instinct…? Wilson s'insurge contre cette idée réductrice qui parque l'athlète africain dans une démarche non pas réfléchie mais instinctive, débridée, presque animale. Racisme primaire effronté.

Wilson explique ainsi sa stratégie d'entraînement basée sur un très gros travail technique. Deux fois par semaine, il se rend avec son groupe sur la piste du camp des Air Forces pour une séance sur des haies basses. Travail de coordination, passage des barrières en prenant appui jambe droite, jambe gauche, Wilson rêve lui aussi d'un long fleuve tranquille, d'une course limpide comme peut l'être parfois celle du 400 mètres haies. Je repensais intuitivement aux paroles de Fernand Urtebise lorsqu'il décortique avec sagesse la course de Stéphane Diagana. Wilson rêve d'un record du monde à 7'45" et vit dans l'espoir de reprendre son record du monde après avoir été dépouillé par un Boulami, chercheur d'oxygène et voleur de temps. "Nous savions tous qu'il était dopé. Je l'ai toujours pensé car ce qu'il était capable d'enchaîner était impossible. Et puis, il nous narguait".

On peut penser ce que l'on veut du coureur kenyan mais on ne peut lui retirer cette réserve et cette discrétion qui bloquent parfois ce besoin de découverte et de compréhension que nous avons. Il faut sans réserve franchir ces obstacles pour ne pas verser dans la phraséologie simpliste qui tend à nier le savoir et la technicité du coureur, de l'entraîneur et de l'officiel kenyans.

Je ne pouvais conclure ce voyage sans retrouver la trace de Douglas Wakiihuri. Depuis une semaine, je cherchais un contact, en obtenant pour seule réponse : "Vous n'avez pas de chance, il est au Japon". J'avais à l'esprit cette rencontre en mars 1991 avec celui qui fut le premier Kenyan à avoir été sacré Champion du Monde sur marathon. C'était en 1987 à Rome. L'année suivante, il terminait second des Jeux de Séoul et prouvait au monde du marathon que cette distance pouvait être, elle aussi, maîtrisée par les Kenyans.

Le hasard encore une fois fit bien les choses. Rebondissant de numéros en numéros de téléphone, je tombais sur Douglas Wakiihuri me répondant : "Oui, j'étais bien au Japon le mois dernier. Mais, là, je suis chez moi, je vous attends".

Douglas Wakiihuri est rentré dans la vraie légende du marathon. Ses victoires et ses titres lui ont ouvert cette voie mais suivre les traces d'un poète japonais pour s'installer au pays du soleil levant, donnait une dimension presque spirituelle à sa démarche de coureur. Avant cette rencontre, je me suis posé les questions habituelles : "A-t-il fait fortune à l'image de Moses Tanui, Paul Tergat ou Moses Kiptanui ? Est-il devenu un gros bourgeois de la classe aisée de Nairobi ? Habite-t-il l'un de ces bunkers planqués sous les eucalyptus où les "guards", arme au poing, veillent sur la sécurité des lieux dans une capitale qui a plongé dans la violence urbaine ?".

Douglas Wakiihuri habite à deux pas d'un petit aéroport dans un minuscule pavillon mitoyen. Il s'agit d'une petite cité modeste bordant Langata Road, une autoroute asphyxiée conduisant au nord de Nairobi. De toute évidence, Douglas Wakiihuri ne vit pas dans l'opulence d'une vie aisée. Il me reçoit dans une modeste salle à manger. Les persiennes sont tirées pour que le bruit d'une musique répétitive ne s'échappe pas vers l'extérieur. A droite, d'énormes enceintes couvrent le mur. Au centre un synthétiseur Yamaha est installé sur une table basse. A gauche, des colonnes de CD musicaux. Douglas Wakiihuri partage bien avec sa femme un petit business touristique à destination du Japon mais il occupe désormais le plus clair de son temps à sa nouvelle passion, la musique. Un musicien qui semble jouer le rôle d'arrangeur est resté à nos côtés, avachi dans un gros fauteuil. En préambule, nous écoutons des maquettes. Douglas cherche un CD et l'introduit dans le lecteur. Une musique inattendue pulse dans les enceintes. Un mixe de rap, de musique japonisante et de rythmes tribaux. "Des rythmes masaïs", m'explique-t-il en affirmant ce voeu : "Je souhaite créer un vrai son kenyan, avec une vraie identité".

Douglas Wakiihuri a versé dans la musique lorsqu'il décide de s'investir il y a quelques années auprès des jeunes des bidonvilles de Nairobi. "Je me suis toujours senti proche de ceux qui sont en bas de l'échelle et non de ceux qui sont tout en haut". Il fonde alors une association de quartier réunissant chaque samedi des bénévoles prêts à aider les enfants des rues. "Nous leur apprenons à canaliser leur énergie et leur pulsion à travers la musique. Ils composent du rap et nous espérons commercialiser un CD qui pourrait être porteur d'espoir. Surtout pour lutter contre le Sida. "Je fais attention aux autres, je me protège. Protèges-tu les autres ?". Les paroles de cette chanson sont claires. Le refrain se termine par : "You have to change the times".

Douglas Wakiihuri n'a acheté ni des taxis, ni des stations d'essence, ni une colonie d'autobus, ou des terres agricoles, des échoppes, des licences d'import export. Il a pris une voie de traverse qui l'a conduit là où l'attend un nouveau défi pour remettre un soupçon d'équilibre et d'humanité dans des vies déstructurées. Il dit : "La vie est trop précieuse. Le Japon m'a appris l'équilibre, la balance et à m'adapter à toutes les situations. Moi, il me faut beaucoup de choses pour vivre, pour être à cent pour cent".

Douglas Wakiihuri s'est construit un triangle de vie. Tout en parlant, il forme avec les deux pouces et les deux index, un triangle par lequel il glisse un regard soupçonneux. Il me pose cette question : "Que venez-vous chercher de moi ?" Je lui réponds : "Un morceau de vie, le sens de votre vie". La musique composée par Douglas envahie nos pensées. Je ne sais s'il faut parler d'équilibre ou d'harmonie. Il me dit comme pour jeter une passerelle entre le présent et le passé : "La musique, c'est comme de courir. Cela doit être facile, mélodieux et rythmé".

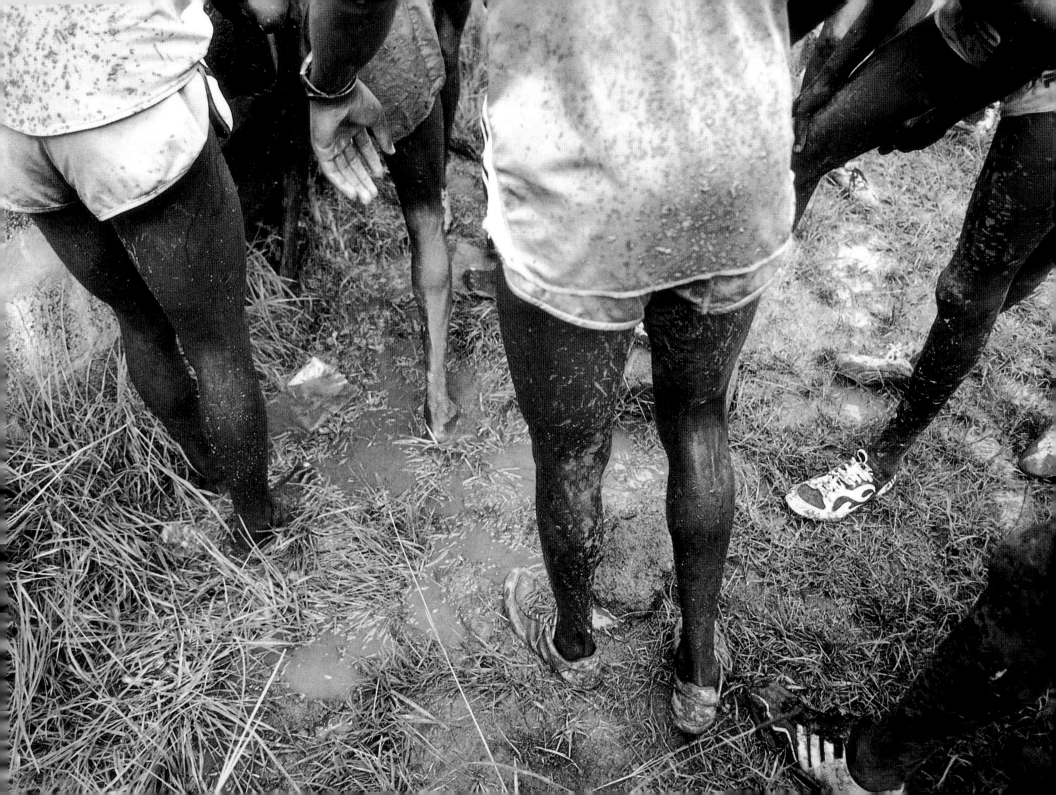

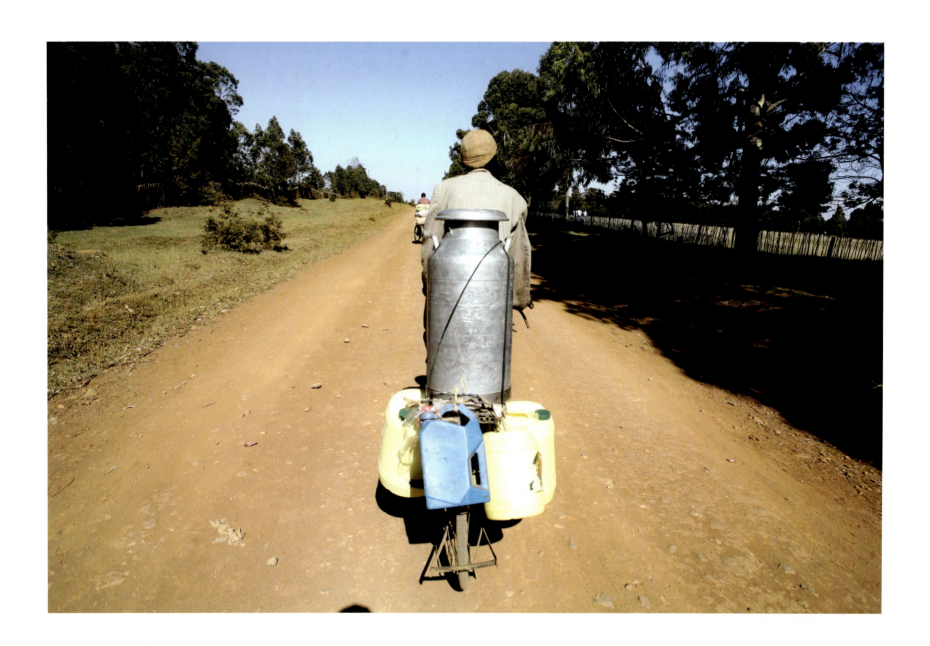

KENYA
LE LIÈVRE ET LE TIGRE

"On ne va pas prendre la route de Nakuru. Vous allez tourner à droite. Ce n'est pas très bon, deux kilomètres guère plus puis nous allons rejoindre une nouvelle route. C'est plus long mais vous allez voir, elle est très belle et ne présente aucun danger."

A ma droite, dans une 205 de location à bout de souffle, avait pris place, Phyllis, l'épouse de Kipchoge Keino, une dame sans façon, les joues bien remplies, le sourire discret, serrant un grand sac de toile sur ses genoux recouverts d'une jupe ample. Rien d'ostentatoire, pas même dans son attitude qui ne puisse la distinguer de ces femmes de la campagne, timides et soumises à leur sort. De la main droite, elle me guidait pour éviter les pièges d'un chemin rudoyant le peu d'amortisseurs qu'il restait à ma Peugeot dépravée. Prévenante à chaque soubresaut, s'excusant même à chaque ornière creusée par une nature sans pitié.

Nous avions alors buté sur un beau ruban d'asphalte d'un noir inaltéré. Du goudron frais. Un vrai luxe, un vrai miracle dans cette savane au souffle chaud. "Vous voyez, ce n'était pas long. Maintenant, la route est à nous." Rien qu'à nous, serpentant sur les rebords de la Rift Valley. Pour la première fois, je mesurais à quel point la dépression du Rift, ce berceau de l'humanité, semblait vous aspirer dans ses entrailles, dans un abîme végétal tutoyant l'infini, fuyant à l'horizon dans une brume de chaleur épaisse.

C'était il y a près de vingt ans. Je venais de rencontrer, son mari, le grand Keino, le grand timonier, dans son petit orphelinat couvert de tôles rouillées. Une bâtisse simple et modeste, dominée par une éolienne aux pales majestueuses. Cachée derrière un rideau d'eucalyptus, non loin d'Eldoret, un gros bourg poussiéreux sillonné de vieux Defenders jaune sable et d'hommes perchés sur de grands vélos chinois à livrer tôt le matin le lait frais des fermes environnantes.

Je m'étais invité dans l'ombre de cet homme portant sur lui le destin et l'identité naissante d'une jeune nation, dans le calme et la solitude de ce Children's Home construit de ses propres mains pour accueillir des cœurs à prendre et des ventres à nourrir. Dans l'effervescence d'un Eldoret qui dès les premiers rayons de soleil, s'ébrouait de mille vendeurs de rien et de tout, de mille traîne-misère, de mille colporteurs sortis de la nuée des temps, de mille échoppes tenues par des Indiens gras et sirupeux, de mille taxi-vélos tournoyant dans la ville pour conduire en amazone des fonctionnaires endimanchés. Ce couple Phyllis et Kip m'inspirait une profonde confiance. "Je vais là où il y a besoin de moi" répétait l'homme de Mexico assis dans son grand fauteuil recouvert d'une broderie d'un blanc immaculé. Malgré les clivages, les tensions, les jalousies, les tempêtes, l'isolement, à quêter sans cesse l'argent de la solidarité internationale pour donner vie à ce carré d'humanité. En agitant avec opiniâtreté, au nez des bailleurs de fond, deux médailles d'or olympiques comme garantie morale et même spirituelle.

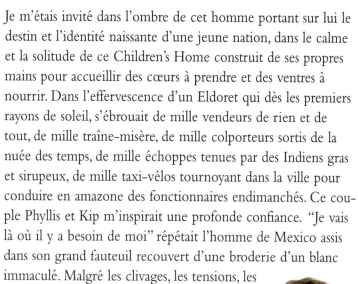

Cette route Nakuru-Eldoret, via Eldama Ravine, je l'ai refaite cent fois. Et même si ce ruban d'asphalte s'est délité au fil du temps, martelé par les pluies, rongé et miné par la férocité des matatus trompant la mort à des vitesses dénuées de raison, j'ai gardé la même attention à parcourir cette savane sèche et paisible, ponctuée de petits carrefours isolés où des vendeurs de miel et de pommes de terre se grillent au soleil dans l'attente du client. A croiser ces hommes poussant sur leurs vieux vélos, des fardeaux de cent à cent cinquante kilos de charbon de bois ou de farine, que même une bête de somme se refuserait de porter. Accrochés à leur guidon, les yeux exorbités par la douleur et la lenteur. Privés finalement de toute dignité, et d'identité. Inféodés à cette vile besogne pour gagner au terme de ce périple, quelques billets jaunis et crasseux, maigre "salaire de la honte". J'en croisais certains, assis sur le talus à reprendre souffle dans l'ombre épaisse d'un manguier, d'autres à réparer de multiples crevaisons, noyés sous la poussière de pick up fonçant à la conquête du temps. Que pouvait représenter la souffrance d'un coureur face à la résignation de ces hommes en survie ?

Lorsque l'on aborde Eldoret, il n'y a plus le petit panneau rouillé indiquant autrefois l'entrée de la piste conduisant à l'Orphelinat. Le chemin s'est agrandi au gré des pluies violentes et des sécheresses sans fin qui ne respectent plus le rythme calendaire des saisons. On y croise encore des hommes en souffrance sur leur vélo, des troupeaux de vaches se dandinant sur le talus, des ânes l'œil bas portant le vague à l'âme. A deux pas de la ville, on s'enfonce vite à travers cette savane découpée en fermettes et en plantations de maïs.

Deux grands grilles vertes marquent l'entrée de l'Orphelinat adossé à ce qui est devenu depuis quelques années un centre d'entraînement IAAF construit en contrebas du Children's Home.
En arrivant, un vigile vous salue dans la plus pure tradition des gardes de Buckingham Palace. Le genou qui monte jusqu'à l'omoplate, la main tranchante à fendre le crâne qui s'abat sur la tempe, un grand coup de talon dans la poussière et le tout gratifié d'un magnifique sourire.

L'éolienne est toujours là, à couiner et à brasser l'air au gré d'un petit vent balayant la cime des arbres. Au pied de la maison du patriarche, un autre garde surveille les voitures qui se garent. Le même salut, le même coup de talon dans la poussière, le même sourire, on est bien gardé en l'absence de Kip Keino, en représentation à Londres pour le Comité Olympique, millième survol de la planète athlétique pour faire valoir les droits du sport africain. La maison est confiée au vieil entraîneur de toujours, Jimmy Beauttah, ancienne petite frappe le jour et musicien la nuit, devenu au fil du temps, un préparateur physique félin, découvert en 1995 par Kim Mc Donald, échoué dernièrement dans ce centre IAAF à entraîner des jeunes Africains sans talent, gavés de vidéos, pour 20 000 dollars par an.

Aujourd'hui, c'est Martin Keino, qui reçoit, l'un des sept enfants du patriarche. A l'occasion d'un cross scolaire qu'il organise sur ce grand champ et dans cette belle forêt jouxtant la propriété familiale. Le parcours est tracé au cordeau. Une maigre ficelle plucheuse s'évade, court et tournicote, jusque dans le bas fond de cette prairie sèche. Quelques mâts de fortune plantés à "l'Africaine", quelques banderoles gonflées par le vent, quelques mètres de pistes détrempées au tuyau d'arrosage pour assurer le "show". Une poignée de bénévoles dévoués parmi lesquels je reconnais Joseph Ngure, Byron Kipchumba, Amos Rono. Voilà, le décor est planté.

Martin Keino est rentré au pays il y a peu, après dix années d'errance sur le circuit des meetings, jet-setter de l'athlé, à jouer un rôle très particulier, celui de pace maker, ce fidèle fantassin qui emballe la course pour conduire dans son sillage les prétendants à des records du monde. Il a ainsi vendu sa précieuse foulée méthodique et son sens du rythme à Daniel Komen, Haile Gebrselassie et Kenenisa Bekele. Dix ans à ne vivre que de courses inachevées, simple courroie de transmission pour des records inaccessibles pour lui. Les 26'20"31 puis les 26'17" de Bekele sur 10 000 m, Martin était là, à marteler la piste avant que le roi ne s'évade, délaissant troupes et garnisons dans leur souffle écorné. Dix ans à chercher sa place dans des seconds rôles, portant cette lourde hérédité comme un fardeau.

"J'avais besoin d'autre chose". Martin est donc rentré au Kenya, un "degree" de design en poche obtenu à l'Université de Tucson en Arizona, un record à 3'33" sur 1500 m, pas une sélection pour son pays mais des souvenirs de stades bouillonnants lorsque le maître Gebre ou Bekele attaquent leur proie, à jouer le "lièvre" et le tigre.

Martin s'est installé à Lavington dans la banlieue de Nairobi avec des rêves de changement. En dix ans, il a vu son pays envahir le demi fond et le marathon mondial avec excès, sans contrôle d'une fédération trop arc-boutée sur ses privilèges. L'argent coulant à flot, ne parle-t-on pas de 10 millions de dollars gonflant annuellement l'économie de ce triangle d'or, amassés par une armée de 1000 coureurs évoluant sur le circuit international, des managers occidentaux incapables d'inculquer les bases d'une gestion de carrière à long terme, la fuite de certains mercenaires rejoignant le Qatar et le Bahreïn avec la bénédiction de la Fédération. Martin s'est nourri des vraies réussites individuelles, celles de Paul Tergat, de Moses Tanui ou de Moses Kiptanui.

Il s'est apesanti sur les dérives liées au fric qui brûle les doigts et fossoyeur de talents. L'alcool, les femmes, le sida, l'argent claqué et jeté par les fenêtres de limousines achetées sans raison, les mauvaises affaires, les plans foireux lorsqu'on laisse aux commandes des gamins sans éducation, effeuillant avec émerveillement des milliers de dollars du jour au lendemain. A Eldoret, la course à pied est devenue une économie puissante avec ses vraies success stories bousculant le pouvoir économique local détenu sans partage par une diaspora indienne installée depuis 1941. Dans le premier cas, citons en exemple Moses Kiptanui, l'ancien "Capitano" qui a définitivement tourné le dos à l'athlétisme en fermant la porte de son camp d'entraînement de Nyahururu pour se consacrer pleinement aux affaires. Cet immeuble à étages construit au centre d'Eldoret est là pour en témoigner. Dans le second cas, citons à l'inverse Daniel Komen sur lequel on se retourne. Pointé du doigt discrètement lorsque celui-ci promène sa frêle silhouette perdue dans un costume de ministre. Ne murmure-t-on pas qu'il aurait dilapidé en si peu d'années, 2,4 millions de dollars dans une flottille de voitures, dans la construction de maisons princières jamais assez grandes pour assouvir ses délires mégalomaniaques, dans des business peu fructueux, sa famille se chargeant pour le reste, de manger grassement sur la bête ?

Martin Keino a bénéficié d'une éducation rigide dans une famille structurée puis l'université américaine et les dix années passées sur le continent américain l'ont construit en homme conscient de tous les dangers face à une société kenyane corrompue et en déliquescence.

A 32 ans, il a donc fondé sa propre société de marketing. Sur l'aire d'arrivée de ce Puma Rift Valley Cross Country, une oriflamme dressée et tendue comme un arc, porte la marque de son entreprise. "Pourquoi avoir designé le nom Keino avec un K à l'envers ?", il répond avec évidence : "Pour marquer ma différence". Il a bien tenté de se positionner comme manager puis comme conseiller mais la méfiance a bloqué tous projets de bâtir de vraies carrières d'athlètes. Pour éviter ce gâchis d'athlètes, pour endiguer cet excès d'individualisme qui a mis à mal ce fameux "Team Spirit" construit par l'ancien entraîneur national Mike Kosgei dans son ancienne tanière d'Embu : "Ils ont pensé que j'étais là pour leur voler leur argent".

Un mois plus tard, j'ai retrouvé Martin aux côtés de son père, Kip Keino, aux honneurs sur le green de Mombasa à l'occasion des championnats du monde de cross, le plus beau cadeau que l'on pouvait offrir à ce pays qui a révolutionné cette discipline dès 1986 avec un total de 138 médailles. Un grand jour consensuel pour oublier la corruption, les carrières brisées, le désintérêt des élus envers ces instituteurs de brousse qui tiennent par passion toutes les mailles du filet. Lui le vieux chef spirituel d'une nation athlétique qui a tout conquis mais plongée dans une crise de croissance où l'argent dicte une loi dure et impitoyable. Sur le bord de piste, son fils, Martin, ne fut qu'un simple observateur. Dans l'ombre du patriarche tout en avouant : "N'ayez crainte, je sais où je me sens bien désormais".

Il était loin de supposer que son pays en apparence unifié puisse sombrer quelques mois plus tard, dans le chaos comme en cet hiver 2007 lorsque Raila Odinga conteste la réélection du président Mwai Kibaki. Les combats et affrontements inter ethniques qui vont suivre, opposant Kikuyus, Luos et Kalenjis font craindre le pire en provoquant le désarroi absolu, lorsque les machettes et les lances font revivre des scènes d'horreur de Mombasa à Eldoret, de Nakuru épicentre des troubles aux bidonvilles de Nairobi, laissant des corps déchiquetés au pied des barricades embrasées. Mille morts, deux mille morts, combien ? Beaucoup trop ! Trop, beaucoup trop ?

Le Mondial de cross laissait dans les mémoires de chacun un spectacle d'union, de paix et d'allégresse que le Kenya n'avait jamais connu. Neuf mois plus tard, scènes d'émeutes et de pillages, églises et hôpitaux assiégées, fusillades et lynchages systématiques, exécutions sans sommations de la part d'une police incontrôlable, l'effroi et la déraison chassaient des mémoires ce soupçon d'espoir pour un peuple à la conquête de son avenir.

Drame social, drame ethnique, chaos politique d'une démocratie sans fondement stable ? Le Kenya allait-il se noyer dans une folie collective comme au Rwanda douze ans plus tôt ?

Après deux mois d'errance et de question sans réponse sur les raisons d'un tel embrasement, le dialogue l'a emporté entre les communautés pour que le Kenya ne sombre définitivement dans l'irréversible.

La communauté des coureurs qui, dans ce flot d'incompréhension, fut même accusée à tort, de fomenter une telle révolte, s'est soudée pour réaffirmer ce besoin de vivre en paix, sans faux semblant, dans le respect de chacun. A peine les derniers brasiers éteints, qu'une compétition pour enfants était même organisée à Iten en présence de cinquante coureurs qui, drapés dans le maillot national, ont cimenté pierre par pierre en un demi-siècle, l'identité même de la nation Kenyane. De Wilson Kiprugut, le premier médaillé aux Jeux Olympiques en 1964 à la jeune garde des marathoniens. Cette course avait un nom : "courir pour la paix".

Zersenay Tadese et Kenenisa Bekele.

KENYA

A TRIANGLE OF LIFE

Moses Kiptanui takes off his sunhat and puts it on a table cluttered with soft drink bottles and packets of tee-shirts. Around him is a square of chairs and tables where the officials have been convened for an after-meeting debriefing.
The stadium is empty of people and full of water, the sky as heavy as a cow's udder that's never empty. Under this sky which seems to press down on your shoulders, the banana-sellers, biscuit-sellers and peanut-sellers have all fled like a flock of frightened starlings. The day is finished. On the far side of the stadium, a locomotive passes. A ghost train emerging from the heat haze. The strident bellow of the siren breaks the monotony of the rain hammering on the corrugated iron.

Moses speaks, rubbing his hands. He talks in his staccato, sometimes ill-assured voice. He is listened to religiously by the men and women, who are cold, all huddled in thick anoraks.
I recognise some old judges, Amos Rono, Boniface Tyren, who I've come across in the past. We wave to each other. I also recognise Paul Ruto, world 800 m champion at Stuttgart in 1993.

Then Moses Kiptanui asks Moses Tanui to get up and say a few words. Hands crossed on his belly, the world 10,000 m champion, crowned at Tokyo, then double winner at Boston, speaking a mixture of English and Swahili, thanks the volunteers for their work. Then the red tee-shirts are distributed. Names are called one after the other. It's the end of the first day of the Eldoret meeting.

I've returned to Eldoret and its little stadium bearing the name of Kipchoge Keino not without a certain pleasure. It has been built on the hills of the town, on the road to Iten, on the other side of the railway line which barely emerges from the weeds, not far from the prison and the last service station where the matatus fill up with petrol. Nothing has changed. Eternal Africa, isolated in the face of its destiny. The same muddy car park where the army lorries are parked, at the back of which the runners eat a dish of rice out of plastic boxes. The same bogs where the smell of urine catches your throat as you walk alongside the surrounding wall. The same, and only, tap, around which the competitors, as filthy as cross-country runners, cluster like flies. The same potholed track, eaten away by the rains. The same employees at the stadium, some pulling out weeds, others vainly trying to re-trace the white lines using lime wash. The same spectators in their Sunday best, quiet as mice, rarely showing any excitement. Full of wisdom and restraint. The same photographer who, with the help of a 1970's Yashica, meticulously snaps every official, every runner in the hope of selling the image, the very next day, for 2 pence. The pose is simple, click clack, full-length portrait, forced smile.

There is no feeling of this being a temple. Just a rough hollow, an open-cast mine where, despite the destitution, the desuetude of the place, the misfortune of a forgotten continent, all the history and dynamism of Kenyan athletics has developed. The history is embodied by Kipchoge Keino. He is there. The wise man, the patriarch, the chosen one of a people. Still just as alert, carrying his sixty-plus years with a kind of jubilation which commands respect. He is sitting under the corrugated iron of the official stand holding forth next to Brother Colms. I also find Ismaël Kirui there. We greet each other. Moses Tanui who is next to him takes him by the shoulders: "Him, he's the young man". Ismaël Kirui smiles timidly. The same youthful face that was crowned world 5,000 m champion in 1993. At the other end of the stadium, Daniel Komen has taken refuge, sitting on a steeplechase hurdle under an immense umbrella. 1,500 m races follow one another, then the 5,000s then the 10,000s in a ceremonial pattern which seems unchanging. Sometimes up to 12-14 series of 16 runners. An incessant round digging a furrow in a muddy corridor like a 19th century farmyard. Sometimes Komen emerges from his reserve to encourage his runners. A kind of absence in his regard makes me keep back from him.

A Maasai with pierced ears lances a javelin. A gangling athlete tries a high-jump bar, placed at 1m 80, using an unorthodox style. The jumping pit is made from nothing but an old, soaked piece of foam which hardly inspires confidence. The bar seems to have been put back in place time after time using a hammer. It wobbles on its supports. An old tape measure is used to adjust the height as well as possible. What can be said about the pole vault? The bar is hardly set higher than 3 metres. Beyond that height, it would be unreasonable that these kamikazes jump, poles as rigid as a yacht mast, at the risk of breaking their backs. What can be said about the sprint events without starting blocks? Only one sprinter has cobbled together miniature wooden starting blocks on his own initiative. He's so proud of himself. Two big, twisted nails hold the device in the ash. What can be said about the steeplechase, where big sacks filled with earth have been lain on the cement in order to avoid the risk of a fall? Am I really in Kenya? Am I really in the country where runners are kings? Am I really in the promised land of athletics? Looking into this tarnished mirror, I can't accept the discrepancy between the harsh reality and the number of medals accumulated at major championships by thirteen Olympic champions and 19 world athletics champions.

It only takes one circuit of the track to find people who are willing to admit to their discouragement, those who are willing to denounce the generalised corruption and chaos. Moses Tanui first, followed by Yobes Ondieki, world 5,000 m champion at Tokyo and first runner in the world to cover 10,000 m in under 27 minutes. I came across them, right in the middle of the field, hotly debating the way in which local athletics – the basis of the whole structure – school athletics and little meetings, has been plunged into oblivion. I put the question to them: "The volunteers haven't got what they need, the track is in a deplorable state, look, a single tap for washing for a thousand runners, where does the money go?". Their answer is immediate and they don't lower their voices: "Into certain people's pockets". Yobes Ondieki, who now runs a fitness centre at Eldoret, has always been vindictive. On the margin of a system that he has never ceased to criticise. Moses Tanui goads him: "Go on then, it's up to you to take the bull by the horns and denounce all that. It's up to you to take charge of the Federation". There follows a passionate dialogue which exposes in turn: the suicidal strategy of Mike Kosegi which led the Kenyan cross-country team to disaster in Lausanne; the lack of patriotism of young runners immediately perverted by the "system"; even mercenary marathon runners don't escape criticism, not forgetting the sometimes perverse role of western managers, developing means of personal enrichment without reference to a collective strategy established by a Federation.

Boniface Tyren has joined us in the debate, where views have become more radical over the last few years, to point the finger at a Kleenex generation. League secretary, Boniface is one of the anonymous volunteers who demonstrates his passion for athletics wherever there are provincial meetings, and sometimes even in international meetings, when runners from his league put pressure on the Federation to insist on his presence.

He speaks of athletes in a possessive way without me being able to really define what role he plays in their sporting destiny. Thus I discover that Mike Rotich, winner of the Paris marathon, is "his" athlete. Straight away I come back with a question: "So, you know where he lives. Is it far from Eldoret?". He answers: "No, not too far". I am suspicious of this type of response which can mean a journey which takes all day. "No, no, it isn't more than 80 kilometres", he reassures me. So we agree to go there just after the end of the second day of the Eldoret meeting.

The tank filled, a kilo of bananas on board, we take the road to Iten then due north, the road to Kapcherop, in the direction of the mountains of Kabiego. En route, we talk about his job as teacher, social worker and coach. He talks in a weary voice as if describing a mission doomed to failure: "We work on respecting others, on the value of at all costs studying a school syllabus alongside the athletics and then we work on AIDS prevention; if we don't, our people will disappear". We discuss the death of Kim McDonald, the English manager who was the first, with the help of Puma, to set up and finance training camps in Kenya. Here again, Boniface doesn't hide his disappointment: "'Since his death, everything has changed. Less money, more unscrupulous managers, less money for youth camps". Times are hard.

On the road, rural Africa unfolds its poverty, its misery. I don't know where to draw the line between these two worlds where oblivion, uncertainty and desperation rub shoulders. From time to time Boniface pulls me out of my thoughts to draw my attention to something: "Here, this is Moses Kiptanui's land". "Look, that's Paul Ereng's farm". Going through a village he lowers his voice, as if fearful of awakening evil spirits, and says: "this is Samson Kitur's home town". I ask him what were the real reasons for the death of the former 400-metre runner. He whispers: "People say that he committed suicide because his wife ruined him after leaving him".

He becomes more animated when I ask: "Don't you feel that Kenyan trainers are despised and that their true worth is not recognised?". Boniface starts gesticulating in his seat at the evocation of a subject about which all black African trainers are sensitive. He answers: "When a journalist arrives here in Kenya, who's he going to interview? If a trainer is invited to a conference, who'll be invited?". I reply before he can answer his own question: "Brother Colms". "Yes, you're right, it's Brother Colms because he's white. And what value does that give us?".

When we leave the road to take a track surfaced in laterite, I presume that we have arrived. We stop at the end of a field where a marquee has been erected. I realise that it's for a family gathering after a funeral. We set off again having picked up two people. One of them introduces himself: "I'm Charles Kibiwot, I won the Rheims Marathon. You're French aren't you?".

We finally arrive at the summit of a hill after an hour of muddy, potholed track where we have had to avoid the traps set by streams swollen by the heavy rains. A simple crossroads with a small grocers shop bearing the name Mkimbizi Hotel, a dispensary, the Rumuriti Health Centre, a big tractor, a 4 x 4, chickens, children, dogs sent to sleep by the heat. Boniface is ready to get out of the car: "It's here". In reality, this is not the house of Mike Rotich but a training camp which was built in 1999 by Joseph Chebet, double winner of Boston and New York. As owner of the site, it is he who welcomes me after we have gone through the ramshackle door in a palisade made of thick, ill-fitting logs. On the right is a great pile of wood used to feed the big oven which heats the water; on the left a buzzing hive from which honey is produced. At the far side, a big mango-tree casts shade at the foot of a row of rooms where some men wait for the time to pass. Joseph Chebet could live with his wife and three children, installed in the family home a stone's throw from the camp, but he says: "My work is here and it's a serious business". We set up a circle of chairs, the men emerge from their rooms, two runners stop a game of billiards, we talk. I am introduced to Mike Rotich. Quite obviously, this man cannot be 21 years old as we were told in Paris. From his heavily marked features, the marathon runner, intimidated by my presence, is nearer 30 than 20.

I didn't expect to find such a reality. Opposite me are some of the best marathon runners on the planet whereas the place inspires a feeling of rusticity and sparseness more typical of a migrant workers' camp. Mike Rotich takes up the words of Joseph Chebet: "Our job is to run. We don't have any security, no insurance. But it's our job. God is our only security". Fifteen runners belong to this camp, cut off at the foot of the mountains which are turning red under a sky which threatens an imminent thunderstorm. I visit the facilities. Three runners per room. Not more than nine square metres. One can hardly move around the three beds. Mike Rotich shares his with

Peter Chebet and David Ruto. Enclosed atmosphere. Further on a kitchen, a refectory with a beaten earth floor, a games room with a billiard table and a TV, a generator to power the light bulb that dangles at the end of a twisted wire. Only Joseph Chebet has slightly better treatment. He has a room to himself. Owner's privilege. I ask him: "Has the Federation ever come to visit you?". Chebet's response is simple: an emphatic "no". "The Federation? It's not interested in anything. It doesn't help anyone. When we win a marathon like New York, we don't even get a thank you. We finance everything ourselves here".

These men, as tough and secretive as cold marble, still strongly attached to the rural world where resignation is essential to overcome life's hardships. What does the suffering of running a marathon represent? Not much?

They urge me to leave. Night is approaching and so is the storm. "If you don't leave now, you'll be trapped by the rain and the rising waters". It's true that night has fallen quickly and the rain is already here. Blackness has fallen over the track and the bush, a screen that is practically impenetrable. In a the space of a few minutes, the shadows have disappeared and the rare lights have gone out. I drive with the strange sensation of being on a drifting continent. I can't get any radio stations. I am alone.

Late in the evening, I got back to my hotel, the Eldoret Club. I came across Daniel Komen looking forlorn at a low table, swigging a Fanta from the neck of the bottle. At the bar, men were drinking beer and South African wine. A log fire had been lit. The atmosphere was sad, almost melancholy.

The next day I set off very early for Nairobi with the feeling that Kenyan athletics was going through real growing pains. Too many athletes, too many managers, too many training camps, too many young people sucked in and crushed by the "system"?
On the road through Eldama Ravine, I came across women crouching on the verge, small pots of milk beside them, waiting for the collector to come by on his bicycle and fetch the meagre booty of their farms. I thought that the problems of the Kenyan Federation were small in comparison with the daily lives of men and women swimming in the deep waters of oblivion and survival.

When it is not pre-planned a journey can sometimes hold surprises. The meeting with Wilson Boit Kipketer, world 3,000 metres steeplechase champion in 1997, was one such. A contact in a village, then another, led to a young man who agreed to take me to Wilson's family farm at Tingwa so that I could meet the man who had been the steeplechase world record-holder with 7' 59" 08. Kipketer lives at Ngong, a big suburb which has developed anarchically on the hills surrounding the Kenyan capital. Traversing the teeming district, one is a long way from the colonial romanticism described in Karen Blixen's novels.

If Joseph Chebet had chosen a reclusive location to set up his training camp, Wilson Boit Kipketer had preferred to be close to Nairobi. His camp consists of a big, two-storey house, poorly-finished while awaiting further extensions. The building is right in the middle of a big courtyard with a big surrounding wall. At the gate, a guard surveys the comings and goings. Right nearby, the motor of a flour mill spits out black smoke and a deafening noise.
Goats, chickens and children play on the steps leading up to the first floor. Women pass by, babies held firmly on their hips, runners sitting on three-legged stools read The Nation. Here is a real homely feeling. Kipketer receives me in a small living room. People shout, children whinge, a baby goes past on all fours, a mother grabs it by a leg, we are served tea, Kipketer stretches out barefoot on a sofa, disconnecting his mobile 'phone. The interview can begin. My first question is: "I'm really surprised by the atmosphere of this training camp. Elsewhere, calm and restfulness are the watchwords, here it seems to be a big family. How do you manage the camp in such a context?". He replies: "In fact, I delegate everything. My wife looks after the house and the children, my brother looks after the farm and my business activities, I only look after the runners. And, in order that we can all live together in harmony, I only demand one thing. I demand their respect".
Then we talk technique, and I discover, not without satisfaction, that Kipketer lives with the obsession of a running technique that is perfect and irreproachable. The Kenyan steeplechaser running by instinct…? He revolts against this simplistic idea which reduces the African athlete to an approach which is not well thought out but instinctive, unbridled, almost animal. Insolent, fundamental racism.
Kipketer explains his training strategy based on a great deal of technical work. Twice a week, he takes his group to the Air Force camp running track for a session of 400 metres over hurdles.

Working on co-ordination, clearing the hurdles by alternating take-off: right leg, left leg. He also dreams of a long, tranquil river, of a race as limpid as a 400 metres hurdles can sometimes be. I thought intuitively of the words of Fernand Urtebise as he wisely analysed Stéphane Diagana's race. Kipketer dreams of a world record at 7' 45" and lives in hope of regaining his "property" after having been stripped of it by Boulami, seeker after oxygen and thief of time. "We knew he was doped. I've always thought so because what he managed to put together was impossible. And what's more he scoffed at us".

You can think what you like about the Kenyan runner, but you can't take away the fact that he has a reserve and discretion that sometimes stops westerners from discovering and understanding. It is necessary to get past these obstacles in order to avoid falling into the simplistic phraseology that tends to deny the knowledge and technical ability of the Kenyan runner, trainer and official.

I couldn't end this visit without picking up the trace of Douglas Wakiihuri. I had been looking for a contact for a week. The only response I got was: "You're out of luck, he's in Japan". I remembered my meeting in March 1991 with this, the first Kenyan to be crowned world marathon champion. His win was in Rome in 1987. The following year he came second at the Seoul Olympics and proved to the world of marathon running that this distance too could be mastered by the Kenyans.
Chance once again smiled on me. Following a trail from telephone number to telephone number, I got hold of Douglas Wakiihuri who said: "Yes, I was in Japan last month. But now, I'm at home and look forward to seeing you".

Douglas Wakiihuri has become part of the real legend of marathon running. His victories and his titles took him so far, but the fact that he followed the trail of a Japanese poet to live in the Land of the Rising Sun has given an almost spiritual dimension to his approach to life. Before our meeting I ran over the usual questions in my mind: "Has he made a fortune like Moses Tanui, Paul Tergat or Moses Kiptanui? Has he become a big bourgeois member of Nairobi's affluent class? Does he live in one of those bunkers hidden under the eucalyptus where "guards", gun in hand, watch over the security of the place in a capital which has plunged into urban violence?".

Douglas Wakiihuri lives right next to a little airport in a tiny semi-detached house. It's in a small, modest housing estate off Langata Road, a smog-ridden motorway leading north from Nairobi. Obviously, Wakiihuri doesn't have an opulent lifestyle. He receives me in a modest dining room. The shutters are closed to stop the sound of some repetitive music escaping outside. On the right, enormous speakers cover the wall. In the centre, a Yamaha synthesiser sits on a low table. On the left columns of music CDs. Wakiihuri might well share the running of small tourism business aimed at the Japanese with his wife, but the greater part of his time is given over to his latest passion: music. A musician who seems to play the role of an arranger has stayed with us, slumped in a big armchair. As a prelude we listen to some demos. Douglas looks for a CD and puts it in the player. An unexpected type of music pulsates from the speakers. A mixture of rap, Japanese-inspired music and tribal rhythms. Maasai rhythms, he explains before admitting: "I'd like to create a real Kenyan sound, with a real identity".

Wakiihuri fell into music when he decided, several years previously, to get involved with helping youngsters from the shanty towns around Nairobi. "I've always felt close to those who are at the bottom of the ladder, and not to those who are at the top". So he founded a local association, bringing together volunteers every Saturday who were willing to help children on the streets. "We teach them to channel their energy and their urges into music. They compose rap music and we hope to put a CD on the market which will carry a message of hope. Above all to fight against AIDS. 'I look out for others, I protect myself. Do you protect others?'". The words of this song are clear. The chorus ends with: "You have to change the times".

Wakiihuri has bought neither taxis, nor petrol stations, nor a fleet of buses, nor agricultural land, shops, import-export licences. He has taken a side-road which has led him to a new challenge – to bring a soupcon of balance and humanity into disintegrated lives. He says: "Life is too precious. Japan has taught me balance, harmony and to adapt myself to every situation. I need lots of things in order to live, to be one hundred percent".

Douglas Wakiihuri has built himself a triangle of life. While speaking, he forms a triangle with his thumbs and index fingers, a triangle through which he looks at me suspiciously. He asks me: "What have you come to get from me?". I reply: "A bit of life, the sense of your life". The music composed by Douglas invades our thoughts. I don't know if one should speak of balance or harmony. He says, as if to throw me a bridge between past and present: "Music is like running. It should be easy, melodious and rhythmic".

THE HARE AND THE TIGER

"We won't take the Nakuru road. Turn right. It's not very far, just over two kilometres, then we'll join another road. It's a longer way round but it's very beautiful and there's no danger". Kipchoge Keino's wife Phyllis was sitting to my right, in a rented 205 on its last legs. An unpretentious woman, full-cheeked with a discreet smile, clutching a big cloth bag on knees covered by a full skirt. Nothing ostentatious: not even her attitude distinguishes her from the country-women, timid and submissive. Her right hand indicates the pitfalls of a track which abuses what is left of the shock-absorbers of my beaten-up Peugeot. Attentive to every jolt, even apologising at each pothole dug out by the pitiless climate.

Then we stumbled across a beautiful strip of uniform black asphalt. Fresh tarmac. A real luxury, a real miracle in this hot-breathed savannah. "You see, it wasn't far. Now the road is ours". Only for us, winding along the edge of the Rift Valley. For the first time, I was able to judge the degree to which the depression of the Rift, the cradle of humanity, seems to suck you into its entrails, in an abyss of vegetation merging into the infinity of the horizon in a thick heat haze.

That was nearly twenty years previously. I had just met her husband, the great Keino, the great chief, in his little orphanage covered with rusty corrugated iron. A simple, modest building, dominated by a wind turbine with majestic blades. Hidden behind a screen of eucalyptus not far from Eldoret which was no more than a dusty one-horse town criss-crossed by sand-coloured Defenders and men perched on big Chinese bicycles making their early morning delivery of fresh milk from the surrounding farms. Kenya had just given a big push to force itself onto the athletics scene when John Ngugi won his first victory at the world cross-country championships at Neufchatel in 1986, but that was not the objective of the meeting. We weren't yet seeking the reasons for a future and total domination by Kalenjin runners, symbolised as early as 1988 by the four medals won at the Seoul Olympic Games. I refused even to look for any sociological, physiological or tribal reasons. I wanted to invite myself into the shadow of the man who carried in him the growing destiny and identity of a young nation. In the calm and solitude of this Children's Home that he had built with his own hands to receive hearts in need of affection and bellies in need of food. In the effervescence of Eldoret which, with the first rays of sun, heaves with a thousand people selling everything and nothing, a thousand wretches, a thousand pedlars from the mists of time, a thousand stalls run by fat, obsequious Indians, a thousand bicycle-taxis whirling around the town transporting civil servants riding side-saddle in their Sunday best. Phyllis and Kip inspired profound confidence. "I go where I am needed", repeated the Man from Mexico sitting in a big armchair covered with immaculate white embroidery. Ceaselessly looking for International aid to bring life to this patch of humanity despite the divisions, the tensions, the jealousies, the storms, the isolation. Stubbornly waving two Olympic gold medals under the noses of potential backers as a moral, even spiritual, guarantee.

I must have driven the Nakuru-Eldoret road via Eldama Ravine a hundred times. And even if the asphalt strip has crumbled over the years, hammered by the rain, eaten away by the ferocity of the matatus defying death at ridiculous speeds, I still pay the same attention when I travel across the dry, peaceful savannah, punctuated by little isolated crossroads where honey and potato-sellers grill slowly under the sun while waiting for a customer. Passing men pushing their old bicycles laden with a hundred to a hundred and fifty kilos of charcoal or flour – loads that even a beast of burden would baulk at. Clinging on to their handlebars, eyes popping out with the pain and slow progress. Deprived in the end of any dignity or identity. Vassals of this vile job who earn, at the end of their journey, a few filthy, yellowed banknotes, meagre "wages of shame". I passed some, sitting on the verge getting their breath back in the deep shade of a mango tree, others repairing puncture after puncture, smothered in the dust of pick-up trucks rushing to conquer time. What could the suffering of a runner represent against the resignation of these men at the limit of survival?

When you arrive at Eldoret, the little rusty sign which used to indicated the entrance to the lane leading to the orphanage is no longer there. The track has got wider due to the violent rains and endless droughts which no longer respect the rhythm of the seasons. You still meet suffering men with their bicycles, herds of cows shambling about the verges, melancholy donkeys with their eyes lowered. Only a short distance from the town, but you soon disappear into the savannah carved up by small farms and maize plantations.

Two big green gates mark the entrance to the orphanage built up against what has become, over the last few years, a training centre for the IAAF built just downhill from the Children's Home. When you arrive, a watchman salutes you in the traditional manner of a Buckingham Palace guardsman. Knee rising to the chest, hand – sharp enough to split the skull – tapping against the temple, foot stamping into the dust, but all graced with a magnificent smile.

The wind turbine is still there, squeaking and stirring the air in response to the light wind which susurrates through the tree tops. At the foot of the patriarch's house, another guard watches the cars as they park. The same salute, the same foot stamping in the dust, the same smile, one is well guarded in the absence of Kip Keino, currently invited to London by the Olympic Committee, his thousandth flight around the athletics world to press the cause of African sport. The house has been left in the charge of that eternal old trainer Jimmy Beauttah, formerly a boxer by day and musician by night who has become, over the years, a lithe fitness trainer, discovered in 1995 by Kim McDonald and who trailed his hangdog expression from camp to camp before drifting into this IAAF centre to train talentless young Africans, force-fed with videos, for 20,000 dollars a year.

Today I'm welcomed by Martin Keino, one of the patriarch's seven children, on the occasion of a school cross-country event that he's organising in the big field and beautiful forest adjoining the family property. The route has been marked out with cord. A thin, fluffy string escapes, runs and twists right to the far side of the dry grassland. A few home-made poles stuck in the ground à l'Africaine, a few banners billowing in the wind, a few metres of track soaked with a hosepipe to ensure a "show". A handful of devoted volunteers among whom I recognise Joseph Ngure, Byron Kipchumba, Amos Rono. There, the scene is set.

Martin Keino has only just come home after ten years spent roaming from meeting to meeting, athletics jet-setter, playing a very particular role, that of pace-maker, the faithful foot-soldier who speeds up the race in order to lead world record hopefuls in his wake. In this way he sold his precious, methodical stride and his sense of rhythm to Daniel Komen, Haile Gebrselassie and Kenenisa Bekele. Ten years living only unfinished races, simple drive belt for records that he himself could not attain. For Bekele's 26' 20" 31 then 26' 17" over 10,000 metres, Martin was there, hammering along the track before the king broke away, leaving the pack completely out of breath. Ten years looking for his place in the minor roles, carrying his weighty heritage like a burden.

"I needed something else". So Martin has come home to Kenya with a design degree from the University of Tucson, Arizona in his pocket, a 3' 33" record over 1,500 metres, not one selection for his country but memories of stadiums in ferment as masters like Gebre or Bekele attacked their prey, playing the hare and the tiger.

Martin set up home in Lavington, a suburb of Nairobi, with dreams of change. In ten years he has seen his country flood into world middle-distance and marathon running to the point of excess, uncontrolled by the over-privileged Federation. The money pouring in – people talk about 10 million dollars a year swelling the economy of this golden triangle – accumulated by an army of 1,000 runners moving around the international circuit, western managers incapable of inculcating the basics of long-term career management, the flight of certain mercenaries to Qatar and Bahrain with the blessing of the Federation. Martin takes comfort in real individual successes, those of Paul Tergat, Moses Tanui or Moses Kiptanui. He dwells at length on the excesses linked to the money that burns holes in pockets and destroys talent. Alcohol, women, AIDS, money thrown out of the windows of limousines bought for no reason, bad business deals, useless plans: all this when you leave uneducated kids at the controls, blowing, in wonder, thousands of dollars from one day to the next. At Eldoret, running has become a major business with real success stories upsetting the local economic order, hitherto run unilaterally by Indians from the diaspora which arrived in 1941. But for every success story, there are sad tales of excess.
As an example of the former, one can cite Moses Kiptanui, the former "Capitano" who definitively turned his back on athletics by closing the doors of his training camp at Nyahururu to

devote all his time to business. The multi-storey shopping mall that he has built in the centre of Eldoret bears witness. On the other hand, look at Daniel Komen. Pointed out discreetly when his frail silhouette goes by, lost in a posh suit. People whisper that he's managed to squander 2.4 million dollars in a few years on a fleet of cars, on building princely houses never big enough to assuage his megalomaniac frenzy, on unfruitful businesses, leaving his family to soak up the rest, living generously off him.

Martin Keino has had the benefit of a strict upbringing in a well-structured family, followed by university in the USA and ten years living on the American continent which have forged a man conscious of all the dangers to be faced in a corrupt, declining Kenyan society.

So, at 32, he has founded his own marketing company. At the finishing line of this Puma Rift Valley Cross Country, a banner, upright and taut as a bow, carries the logo of his company. "Why have you put the K of Keino back to front?", he answers as if it's obvious: "To make it stand out". He might well have tried to establish himself as a manager and then as an adviser, but suspicion has blocked any projects to build real careers for athletes. To try and avoid the waste of talents, to curb the excess of individualism which has damaged the famous Team Spirit established by the former national coach Mike Kosgei in his old hideaway at Embu: "They thought I was there to steal their money".

A month later, I met Martin again with his father, Kip Keino, in the place of honour on the green at Mombasa on the occasion of the world cross-country championships, the best gift that could be given to the country which has revolutionised the discipline, with 138 medals since 1986. A day of consensus to forget about the corruption, the broken careers, the lack of interest from politicians in the bush schoolteachers whose enthusiasm is the only assurance that future champions don't slip though the net. Kip, the old spiritual leader of an athletic nation which has conquered everywhere but which is plunged into a crisis of growth where money dictates harsh, pitiless rules. On the edge of the track, his son Martin is just a simple observer. In the shadow of the patriarch he admits: "Don't worry, now I know where I feel good".

He was far from imagining that his country, apparently unified, could collapse into chaos as it did during the winter of 2007 when Raila Odinga contested the re-election of Mwai Kibaki. The inter-ethnic fighting and confrontation that followed, opposing Kikuyus, Luos and Kalenjis, led everyone to fear the worst, provoking total helplessness when the machetes and spears produced scenes of horror from Mombasa to Eldoret, from Nakuru, epicentre of the troubles, to the shanty towns of Nairobi leaving mutilated corpses lying at the foot of the burnt barricades. A thousand dead, two thousand, how many? Too many! Far, far too many?

The World cross-country championships had left in everyone's memories a sentiment of union, peace and elation that Kenya had never known before. Nine months later, scenes of rioting and pillage, besieged churches and hospitals, systematic shootings and lynchings, executions without warning by an uncontrollable police force, terror and insanity drove this ray of hope from the memories of a people looking to conquer its future.

Social drama, ethnic drama, political chaos in a democracy without a stable foundation? Was Kenya going to plunge into collective folly as Rwanda had done twelve years earlier?

After two months of uncertainty and unanswered questions about the reasons for the unrest, dialogue between the communities prevailed and prevented Kenya from sinking definitively into the irreversible.

The running community which, in the flood of incomprehension, was even wrongly accused of fomenting the revolt, closed ranks to reaffirm the need to live in peace, without pretence, in mutual respect. The last fires had hardly been put out when a children's competition was organised at Iten in the presence of 50 runners who, draped in the national colours, cemented stone by stone the identity of the Kenyan nation. From Wilson Kiprugut, the first Olympic medallist in 1964, to the young guard of marathon runners. The race had a name: "Run for peace".

A vrai dire, je ne pensais jamais rouvrir cette vieille carte de Tanzanie achetée à l'Astrolabe. Trente ans qu'elle était restée coincée entre deux vieux polars à garder ses faux plis, son odeur et ses vieux secrets de routard idéaliste. Je ne pensais pas déplier à nouveau celle-ci sur mes genoux, coincé comme autrefois dans une cabine de pick up entre un chauffeur machouillant de la patate douce et des compagnons de route entassés comme des chèvres.

Bien avant d'arriver à Arusha, en passant le poste frontière de Namanga, je demandais à mon chauffeur combien de temps il estimait pour rejoindre Kondoa. Il s'était gratté le cuir chevelu pour réfléchir et dans cet instant d'hésitation, c'est toute la 504 qui avait ergoté sur la durée possible d'un tel voyage. J'en concluais qu'il me faudrait entre 5 à 8 heures, soit en ajoutant les inévitables imprévus, une bonne journée de voiture pour 275 kilomètres. J'en déduisais assez vite que la route de Kondoa, trois décennies plus tard, n'avait toujours pas été goudronnée malgré les discours des politiques, les financements promis et les aides débloquées. Sur ma carte, la route de Kondoa n'était qu'un trait jaune en pointillé. Trente ans plus tard, les points ne formaient toujours pas une ligne continue tant cette travée de tôle ondulée cinglant cette savane monotone se réduisait à une piste maudite où se cachent de multiples pièges redoutés de tous les chauffeurs de camion fatalistes comme des crocs morts.

Mes prévisions se sont ainsi avérées exactes. Nous n'arriverions pas avant la nuit car c'était sans compter sur les crevaisons, l'arrêt brochettes de mouton à Babati trop arrosé à la bière locale et les matabiches à verser aux militaires corrompus verrouillant la piste la nuit tombée. Nous foncions ainsi dans cette Afrique chaotique et ténébreuse hantée par tant de rêves inachevés.

Il ne me restait qu'une image très imprécise de Kondoa. Une grande ligne droite, quelques piteuses baraques où l'on ne trouvait à acheter que des petits paquets de lessive Omo et des serpentins anti moustiques, et un arrêt de bus, étape ensablée pour Dodoma au sud, Singida à l'ouest et Kibaya à l'est en plein cœur de la steppe Masaï.

En arrivant, je n'ai reconnu ni le pont de fer surplombant une rivière à sec, ni les premières ruelles peuplées d'échoppes éclairées de lampes à pétrole. Assurément la ville n'était plus ce bourg envasé dans la solitude intérieure d'un pays en souffrance. Il y avait vie. Des petits restos encore ouverts à une heure si tardive, des bars à bière où la musique congolaise couvrait les rires des hommes s'abreuvant à la Simba, la gare routière où des bus déchargeaient femmes, enfants, volailles et lourds ballots de camelotes chinoises. C'était écrit sur un large panneau blanc à l'entrée du pont "Welcome to Kondoa".

Max m'attendait devant une assiette de poulet-haricots-riz, sous l'éclairage puissant d'un néon captant toute l'attention de rares moustiques prêts à se griller les ailes. Max, je ne le croyais pas si jeune. Je m'attendais en vérité à l'un de ces notables du sport africain portant à la ceinture les centimètres d'un embonpoint nécessaire pour affirmer autorité et position sociale. Suant à pareille heure toute la bière ingurgitée qui rend la vie plus limpide pour refaire sans cesse notre vieux monde.

En me laissant aller à une comparaison, je pourrais dire que Maximilian Iranqhe, c'est son vrai nom, pourrait être le Moses Kiptanui de la Tanzanie. Il n'a certes pas eu le palmarès du Kenyan, triple champion du monde du 3000 mètres steeple, mais cet ancien coureur de 800 m (1'46"60 en 1992) et 1500 m (3'40"96 en 1992) appartient à cette nouvelle génération d'éducateurs africains qui veulent construire un avenir meilleur loin des chemins de la perversion et de l'économie de marché à l'africaine.
Pour m'accueillir, un thé au lait parfumé au clou de girofle m'attendait à la table de Max. Je trempais mes lèvres dans ce mélange brûlant et sirupeux, je me sentais bien.

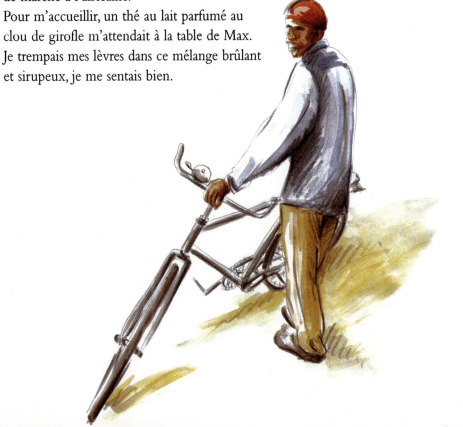

Max est l'un de ces évangélistes du sport croyant aux vertus de l'effort sportif pour éduquer et socialiser les jeunes. Après Arusha, Manyara, Singida et Iringa, Kondoa n'était qu'une étape de plus dans sa longue marche à travers cette Tanzanie en proie à tous les maux d'une société qui ne s'est jamais remise de vingt années de socialisme à l'africaine puis d'une libéralisation qui a conduit tout droit ce pays des hauts plateaux vers un apprentissage accéléré de la corruption à tous les niveaux de l'Etat.
Il était donc là, depuis une semaine, à convaincre les politiciens locaux et quelques commerçants fortunés d'accepter l'organisation d'une épreuve sportive. Avec quelques centaines de dollars en poche, des banderoles en papier, un rouleau de ficelle pour délimiter un play ground, un gros carton de tee-shirts, un mégaphone, un gros générateur pour faire grésiller une sono asthmatique et un téléphone portable dont il cherchait sans cesse à capter un réseau.

Le lendemain matin, je n'ai pas attendu le cri du coq pour sortir de ma moustiquaire et arpenter les rues de Kondoa. Une lumière intense s'abattait déjà sur les façades des boutiques joliment décorées de peintures dites "naïves". Des troupeaux, des Masaïs désoeuvrés appuyés sur leur bâton, des hommes réparant de vieux vélos chinois qui ont porté plus d'un fardeau, des gamins courant déjà derrière un mouton famélique, des odeurs de friture cheminant de maison en maison, Kondoa s'éveillait et s'alanguissait dans une chaleur pressante. En traversant le marché, je ne tardais pas à me faire apostropher par un professeur désabusé : "Comment peut-on vivre avec un salaire de 75 euros par mois ? Comment pouvons-nous combattre cette corruption et devenir de vrais citoyens pour changer notre pays ?"

Je retrouvais Max en proie à tous les soucis d'un organisateur, au volant d'un pick up prêté généreusement par Aboubakar, un nouveau riche de Kondoa propriétaire de deux beaux hôtels sentant bon la peinture et la chaux encore toutes fraîches. Il était accompagné de quelques instituteurs du district alentour venus suivre par la même occasion une formation sur le sport. Au rang desquels Esther de la Kilimani Primary School affichant avec fierté son diplôme attestant qu'avec 890 points elle venait de réussir ce premier examen de passage. Surpris par la simplicité des questions posées mais admettant que l'athlétisme n'est pas à classer au rang des données universelles, je m'amusais à lui reposer les questions : "Combien mesure une piste d'athlétisme ? Combien de tours pour une course de 5000 m ? Comment s'appelle le numéro porté sur la poitrine ?" et encore "Comment s'appellent les chaussures que l'on utilise sur une piste ?"

Max me surprenait dans ce jeu de questions-réponses avec Esther et s'autorisait à nous interrompre en insistant : "Vous voyez là à quel point nous sommes en retard par rapport au Kenya". Comme Kipchoge Keino au Kenya, la Tanzanie a pourtant bien eu, elle aussi, son guide spirituel en la personne de Filbert Bayi, recordman du monde du 1500 m en 1974 avec 3'32"16 et médaillé d'argent sur 3000 m steeple aux J.O. de Moscou en 1980. Mais ce pays focalisé dès 1967 par la mise en place d'une économie dirigée, négligeait l'intérêt de développer le sport dans un système éducatif lui aussi déliquescent.

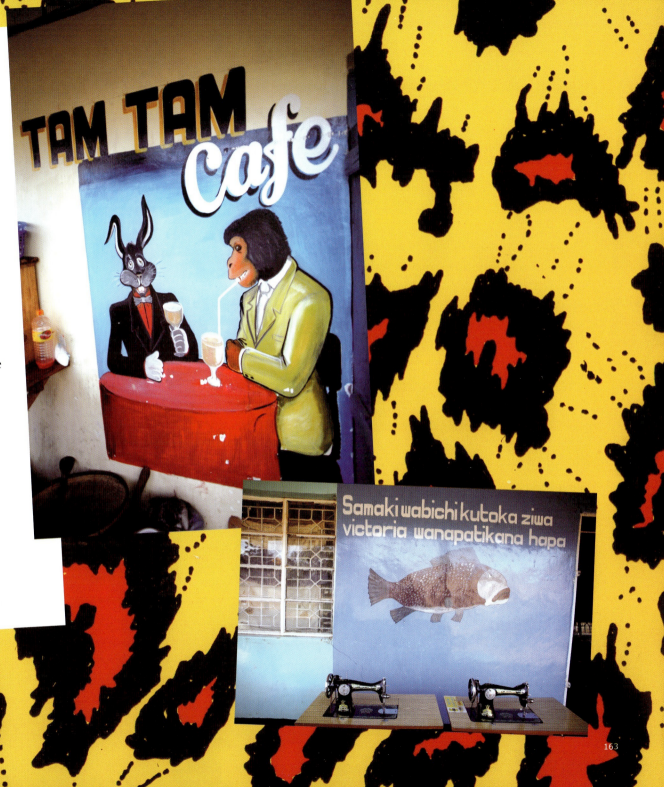

L'heure tournait, les gamins par milliers arrivaient de tous les angles de rue pour rejoindre ce play ground débarrassé des mauvaises herbes par une armée de prisonniers sortis de derrière les barreaux pour la circonstance. Max prenait néanmoins le temps de répondre à cette question. "Le Kenya est-il finalement l'exemple à suivre ?" Sa réponse est simple : "Non, car nous, nous souhaitons en priorité éduquer ces jeunes et ensuite nous servir de la course à pied pour qu'ils se construisent un vrai futur dans ce pays pauvre. We'll educate, we'll train".

Car les exemples de coureurs tanzaniens qui ont brûlé leur talent éphémère sont légions. Max cite avec lassitude des noms. Les deux plus connus en France pour avoir remporté de nombreuses classiques sont ceux de Faustin Baha et de Focus Wilbroad. "Focus, c'est l'exemple le plus triste pour nous. Il a tout bu et maintenant il n'a plus qu'une toute petite ferme". Focus Wilbroad, je le rencontrais tout à fait par hasard dans les rues de Babati lors de notre halte prolongée, l'avant-veille, sur la route de Kondoa. L'homme, appuyé sur son vélo chinois, s'était présenté comme coureur à pied, malheureusement stoppé par une blessure, me suppliant que je renoue pour lui le contact avec son ancien manager. J'aurais facilement pris pitié de lui si son regard et ses yeux troubles ne trahissaient pas un penchant certain pour l'alcool. Je ne me trompais pas sur ce diagnostic. Je m'étonnais également qu'il n'affiche pas plus d'aisance compte tenu de l'argent gagné en France. Il répondait : "Cela n'a pas suffi pour me construire une bonne vie. Je n'ai qu'une ferme de six hectares et quatre vaches". L'autre exemple bien plus dramatique était celui de Faustin Baha, le petit prodige tanzanien qui avait tout en lui pour mener une grande carrière internationale. "Son destin est, si l'on peut dire, tragique" explique Max. "Imaginez qu'à 17 ans, il avait déjà réussi 1h 01' au semi marathon. Mais il est arrivé là sans aucune éducation, il était incapable de discerner le bien du mal. Sa meilleure année, il a gagné jusqu'à 50 000 dollars, avec cela il s'est acheté cinq voitures. Lui aussi, il a tout bu et aujourd'hui, il a à peine de quoi se payer un vélo pour se déplacer".

Toute la ville de Kondoa semblait s'être donnée rendez vous autour de ce champ bordé d'une rangée de maïs desséchés pour assister à quatre heures de jeux élémentaires destinés aux écoliers de la ville. Des mamas belles et arrondies comme des amphores, drapées de wax chatoyant, des vieux décharnés, des mendiants, des enfants esseulés et pouilleux, quelques bidasses en treillis jouant de la chicote. L'inévitable vendeur de Fanta arpentant cette foule en transe lorsque la fameuse course à la poule levait un volcan d'hystérie et de poussière, en prologue d'un 10 km destiné à détecter de jeunes talents recrutés ensuite dans l'école créée à Arusha, la Tanzania Athletic School.

L'ouverture d'une telle école privée est unique en Afrique de l'Est. Max a jeté dans ce projet toute sa passion pour la course à pied, sa fortune personnelle et cent pour cent de sa vie familiale pour que sortent de terre les fondations d'un institut ne regroupant que des coureurs à pied. Celui-ci a été construit sur les hauteurs de Arusha, la capitale touristique et diamantifère de la Tanzanie qui s'étale au pied du Mont Meru et à une portée de vue du Mont Kilimandjaro. Là même où Filbert Bayi s'entraînait à répéter sans cesse une côte slalomant entre les bananiers et les papayers. Ce lieu porte désormais le nom de l'ancien champion du Commonwealth, "La colline Bayi", pour cultiver la légende de ce coureur qui n'aura eu dans sa carrière qu'un seul grand fait d'arme, celui d'avoir enflammé le stade de Christchurch en Nouvelle Zélande le 2 Février 1974 en humiliant devant son public le grand John Walker privé d'un titre continental.

25 élèves y vivent en communauté, en suivant une scolarité à la carte en fonction de leur âge ainsi qu'un entraînement de haut niveau. Fabian Joseph, le champion du monde de semi-marathon, y a même sa chambre pour éviter de se confronter au monde extérieur et succomber aux tentations des femmes faciles et des soirées trop arrosées où les amis d'une nuit vous dépouillent sans vergogne.

Le manager américain Tom Radcliffe finance 25% de ce projet. Pour le reste, Max est épaulé par la firme Puma et se débrouille avec le rêve de créer une école plus grande, plus ambitieuse. Le terrain a déjà été acheté, sur la même colline et la première dalle a été coulée. "J'ai envie de montrer la voie, il y a tant à faire. J'ai actuellement la possibilité d'accueillir huit athlètes de plus mais je suis sans sponsor pour financer une scolarité qui s'élève à 750 dollars l'année".

Si Damien Chopa remportait ce 10 km et Farida Makula le 5 km femmes, Max remarquait un petit bout de gamine courant en chaussures de ville éculées, jupe et corsage d'écolière, tenant tête pendant près de quatre kilomètres à des filles ayant déjà l'expérience du haut niveau mondial. Renseignement pris, Failuma Abdi qui n'a que 13 ans, était venue le matin même de son village perdu de l'autre côté de la colline en plein bush. 17 kilomètres à pied pour prendre part à cette épreuve, dans l'espoir de décrocher une scolarité et de revenir au village avec quelques shillings en poche. "Maintenant, le plus dur, ce sera de convaincre la famille car le plus souvent, les parents ne comprennent pas l'intérêt de suivre des études. Il faut également lever les superstitions, les croyances. Comme par exemple dans le cas de Deonis Serea. L'un de ses frères était décédé à l'école. Il n'était donc plus question que les autres enfants de la famille continuent d'aller à l'école par peur de la malédiction. J'ai dû batailler dur pour réussir à convaincre le père de Deonis pour qu'elle puisse venir étudier à Arusha en intégrant l'école".

Maximilian Iranqhe navigue ainsi sur son petit navire, gonflant les voiles tant qu'il aura le souffle nécessaire pour faire naître dans son pays une société plus équitable. Barrant cette fragile embarcation dans l'espoir de construire une Tanzanie plus solidaire. Sous la tente officielle avant que la foule ne se disperse après la remise des prix, Aledi, un chanteur local s'est avancé le micro à la main pour psalmodier un poème décliné comme un long slam. Madame la District Commissionner me traduisait les paroles : "Restons ensemble, ensemble pour gagner, oublions le business, notre génération doit investir sur notre futur". En face de moi, la petite Failuma Abdi serrait très fort entre ses mains le tee shirt Puma et l'enveloppe contenant 30 dollars. L'élue de la commune de Kondoa se penchait vers moi pour me dire : "Nous avons pourtant créé 16 écoles depuis mon arrivée ici il y a trois ans. Mais cette année, ce sont 530 élèves qui ne pourront accéder au secondaire faute de place. J'espère que cette petite ne gâchera pas sa chance". Un mois plus tard, Failuma Abdi rejoignait l'école de Max et s'entraînait sur la colline Bayi.

TANZANIA

"WE'LL EDUCATE, WE'LL TRAIN"

To tell the truth, I never thought I'd re-open the old map of Tanzania which I'd bought at the Astrolabe. It's been stuck between two old detective novels for thirty years keeping its badly-folded rectangles, its smell and its Lonely-Planet-idealist secrets. I never thought I'd unfold it again on my knees, stuck, just like before, in the cab of a pick-up truck between the driver chewing away on sweet potato and several travelling companions packed in like goats.

Well before arriving at Arusha, as we went past the frontier post at Namanga, I asked a driver how long he estimated it would take to get to Kondoa. He scratched his head to help him think and during that moment of hesitation, everyone in the Peugeot 504 quibbled about the possible length of such a journey. I concluded that it would take me between five and eight hours, in other words, allowing for inevitable unforeseen circumstances, a good day's car-ride to cover 275 km. I soon deduced that the Kondoa road, three decades later and despite all the political speeches, promised funding and overseas aid, still hadn't been tarmacked. On my map, it was just a dotted yellow line. Thirty years later the dots still hadn't been joined up, the corrugated surface traversing the monotonous savannah amounted to nothing more than an accursed track concealing innumerable traps dreaded by all the lorry drivers, fatalistic as undertakers though they might be.

My predictions turned out to be accurate. We didn't arrive before nightfall because we hadn't counted on the punctures, the mutton kebabs at Babati too-well washed down with local beer and the backhanders to be slipped to corrupt soldiers patrolling the track at nightfall. Thus we headed into chaotic, mysterious Africa, haunted by unfulfilled dreams.
I had only very sketchy memories of Kondoa. A long straight road, a few miserable huts selling nothing but small packets of Omo and mosquito coils and a bus stop for those wishing to travel to Dodoma to the south, Singida to the west and Kibaya to the east, right in the middle of the Maasai steppe.
When we arrived, I recognised neither the iron bridge spanning a dry river, nor the first alleys full of stalls lit by petrol lamps. Certainly the town was no longer a village stuck in the inward-looking solitude of a country in agony. There was life. Little restaurants still open at this late hour, bars where Congolese music covered the laughter of men drinking Simba, the station where buses disgorged women, children, poultry and heavy bundles of Chinese junk. A big white sign at the entrance to the bridge said: "Welcome to Kondoa".

Max was waiting for me in front of a plate of chicken-beans-rice, under the powerful glare of a neon light which caught all the attention of the rare mosquitoes which were prepared to grill their wings. I hadn't expected him to be so young. To tell the truth I was expecting one of those worthies of African sport carrying sufficient embonpoint to affirm his authority and social status. Sweating out, so late in the evening, the already-consumed beer which clears the mind for non-stop sessions of putting our old world to rights.

To carry my comparison further, I could say that Maximilian Iranqhe, to give him his full name, could be Tanzania's Moses Kiptanui. It's true he hasn't got the record of the Kenyan, three times World Champion in the 3,000 metres steeplechase, but this former 800m (1' 46" 60 in 1992) and 1,500m (3' 40" 96 in 1992) runner belongs to the new generation of African sports teachers who want to build a better future, far from the paths of perversion and African-style market economy which most often lead to corruption. Milky tea flavoured with cloves welcomed me to Max's table. I wet my lips in the piping hot syrupy mixture and felt good.

Max is one of those evangelists who believes in the virtues of sport in educating and socialising youngsters. After Arusha, Manyara, Singida and Iringa, Kondoa was just another stage in his long march across a Tanzania plagued by all the ills of a society that has never recovered from 20 years of socialism à l'Africaine followed by a liberalisation which led this country of high plateaux into an accelerated learning programme in corruption at all levels of the state.

So he'd been there for a week trying to convince local politicians and a few well-heeled tradesmen to undertake the organisation of a sporting event. With a few hundred dollars in his pocket, paper banners, a roll of string to delimit a playground, a big box of tee-shirts, a megaphone, a big generator to make the asthmatic PA system crackle, and a mobile phone on which he was incessantly trying to capture a signal.

The next morning, I didn't wait for the cocks to crow before slipping out of my mosquito net and walking the streets of Kondoa. An intense light was already beating down on the facades of the shops, nicely decorated with paintings in the style known as "naïve". Herds of animals, Maasai idly leaning on their sticks, men repairing old Chinese bicycles that had carried more than one burden, kids running behind a scrawny sheep, frying smells making their way from house to house, Kandoa was waking up and already languishing under an oppressive heat. Crossing the market place, it wasn't long before I was hailed by a disillusioned teacher: "How can anyone live on a salary of 75 euros per month? How can we fight against such corruption and become real citizens in order to change the country?".

I found Max beset by all the worries of an organiser, at the wheel of a pick-up generously lent by Aboubakar, a nouveau riche Kondoan, owner of two fine hotels which smelt of fresh paint and whitewash. He was accompanied by a few teachers from the surrounding district who had come at the same time to take part in a training course on sport, including Esther of the Kilimani Primary School who proudly showed off her diploma testifying to the fact that with 890 points she had succeeded in this first exam. I was surprised by the simplicity of the questions that were asked, but I have to admit that athletics cannot be classified among those subjects that every schoolchild knows. I amused myself by asking her the questions again: "How long is an athletics track? How many laps in a 5,000 m race? What do you call the number worn on the chest?" and again, "What do you call the shoes worn on a running track?".

Max overhead this question-and-answer game with Esther and interrupted to emphasise: "You can see from this just how far behind Kenya we are". Like Kipchoge Keino in Kenya, Tanzania did, however, have its own spiritual guide in the person of Filibert Bayi, 1500 m world record holder in 1974 with 3' 32" 16 and silver medallist in the 3,000 m steeplechase at the Moscow Olympic Games in 1980. But, focused from 1967 on the establishment of a state-run economy, Tanzania failed to see the value of developing sport in an educational system which was itself decadent.

Time went by, from every street corner thousands of kids arrived at the playground which had been cleared of weeds by an army of prisoners let out from behind bars for the purpose. Nevertheless, Max took the time to answer this question: "In the end, is Kenya the example to follow?". His response is simple: "No, because for us, the priority is to educate these youngsters and then to use running as a tool to help them build a real future in this poor country. We'll educate, we'll train".

Because examples of Tanzanian runners who have burnt out their ephemeral talent are legion. Max wearily quotes their names. The two best-known in France, after winning numerous classic races, are Faustin Baha and Focus Wilbroad. "Focus is the saddest example for us. He drank it all away and now he just has a tiny farm". I had met Focus Wilbroad completely by chance in the streets of Babati during an extended halt two days previously on the way to Kondoa. The man, leaning on his Chinese bicycle, introduced himself as a runner, prevented from running by an unfortunate injury, and beseeched me to re-establish contact with his former manager. I could easily have felt pity for him had his unfocused eyes not betrayed a certain penchant for alcohol. I was not mistaken in this diagnosis. I also expressed surprise that he didn't look better off, given how much money he had won in France. He replied: "It wasn't enough to give me a good life. I've only got a six-hectare farm and four cows". The other example, much more terrible, was that of Faustin Baha, the little Tanzanian prodigy who was perfectly poised for a great international career. "His destiny is, if I can put it this way, tragic", explains Max. "Imagine: at 17 he had already managed 1h 01' in the half marathon. But he got there without any education: he was incapable of discerning good from bad. In his best year, he won 50,000 dollars and with it he bought five cars. He, too, has drunk everything away and today he has hardly enough money to buy himself a bike to get around".

The whole town of Kondoa seemed to have agreed to meet around the field, surrounded by a row of dried maize, to watch four hours of elementary games aimed at the local schoolchildren. Beautiful mamas, well-rounded like amphorae, draped in shimmering wax fabrics, emaciated old men, beggars, forsaken, flea-ridden children, a few squaddies in fatigues brandishing bullwhips, the inevitable Fanta salesman, a dense, quiet crowd that went into a trance at the onset of the famous chicken race which raised a volcano of dust and hysteria. This was a prologue to the main race, a 10,000 m aimed at detecting young talent which would then be recruited into the school that had been created at Arusha, the Tanzania Athletic School.

The creation of such a private school is unique in East Africa. Max has thrown all his passion for running into this project, all his personal money and one hundred percent of his family life so that an institution purely for runners can see the light of day. It has been built on the heights above Arusha, the tourist and diamond capital of Tanzania which lies at the foot of Mount Meru and within sight of Mount Kilimanjaro. Just where Filbert Bayi trained ceaselessly on a slope weaving between banana trees and papayas. The place now carries the name of the former Commonwealth champion, "Bayi Hill", in order to cultivate the legend of the runner who had only one great feat in his career, when he lit up the stadium of Christchurch in New Zealand on the 2nd Febraury 1974 and humiliated the great John Walker in front of his home crowd, thus depriving the latter of a an international title. A community of 25 pupils follow an à la carte schooling depending on their age, as well as high-level athletics training. Fabian Joseph, the half-marathon world champion, even has a room here to keep him away from the outside world and stop him succumbing to the temptations of easy women or boozy evenings where instant "friends" rip you off shamelessly.

The American manager Tom Radcliffe finances 25% of the project. For the rest, Max is supported by the Puma company and lives with the dream of creating a bigger, more ambitious school. The land has already been bought on the same hill and the first concrete floor has been laid. "I want to show the way, there's so much to do. At the moment I've got the capacity to take eight more athletes, but I'm without a sponsor for the fees which amount to 750 dollars a year".

If Damien Chopa won the 10 km and Farida Makula the women's 5 km, Max noticed a little slip of a girl running in down-at-heel town shoes and school skirt and top, holding her own at around four kilometres with girls who already had high-level international experience. He found out that Failuma Abdi was only 13 years old, had come that very morning from her village on the other side of the hill in the depths of the bush. 17 kilometres on foot in order to take part in the race in the hope of obtaining a scholarship and returning to her village with a few shillings in her pocket. "Now, the most difficult thing will be to convince the family because, more often than not, the parents don't understand the value of studying. You also have to overcome superstitions and beliefs. As, for example, in the case of Deonis Serea. One of her brothers died at school. There was no question after that of the other children of the family continuing at school, for fear of a malediction. I had to really fight to convince Deonis' father that she should come and study at the school in Arusha".

Thus Maximilian Iranqhe pilots his Kon Tiki raft, filling the sail as long as he has the breath to bring about a more equitable society in his country. Steering the fragile craft in the hope of building a more united Tanzania. In the official marquee before the crowd dispersed after the prize-giving, Aledi, a local singer, came up to the microphone to present a poem, chanted like a long slam. The Lady District Commissioner translated the words for me: "Let's stay together, together to win, forget business, our generation should invest in our future". Opposite me, little Failuma Abdi clutched the Puma tee-shirt and the envelope containing 30 dollars tightly in her hands. The D.C. of Kondoa leant towards me to say: "We have nevertheless created 16 schools since my arrival three years ago. But this year, there are 530 pupils who can't go on to secondary level because there aren't enough places. I hope that this little girl won't waste her chance". One month later, Failuma Abdi started at Max's school and trained on Bayi hill.

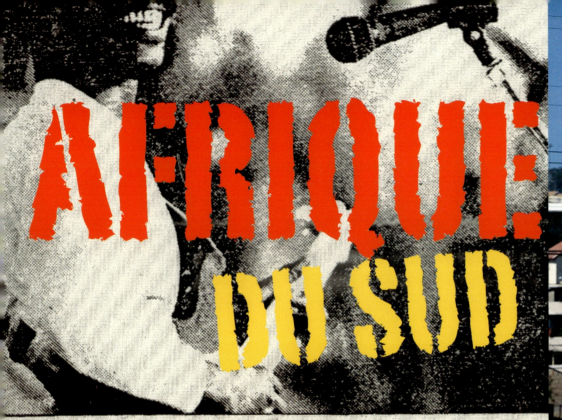

AFRIQUE DU SUD

Ray Phiri ... "Everybody who wants to know me better should listen to my songs."

SOUTH AFRICA'S BERRY GORDY?

Soweto, le marathon domino

Elles sont arrivées droites comme des mannequins amidonnées. La cinquantaine choucroutée comme seules les Anglaises d'Afrique du Sud en ont encore le secret. Elles ont garé leur guitoune au coin d'un grand champ. Une petite guérite marron clair. Puis comme dans un théâtre de guignols, elles se sont installées à l'intérieur en ouvrant les deux battants pour attendre les premiers coureurs.

Car pour dix rands soit deux euros, ces dames respectables, affichant un sourire aussi mesuré que la politesse d'un notaire de province, assurent la consigne de vos clefs de voiture qu'elles accrochent avec un soin de dentellière à un grand panneau clouté. On se dit alors qu'il n'y a pas de sot métier et qu'une fois encore, en ce nouveau monde, le libéralisme post-apartheid a déverrouillé les imaginations. Une grande pendule carrée en faux marbre et dorure déco occupe le peu d'espace sur cet étroit comptoir qu'une poignée de coureurs se dispute déjà en tendant leurs clefs. Elle indique l'heure : 5 heures 30.

Le jour s'est déjà levé sur Johannesburg. À l'horizon, la tour d'Hillbrow se découpe dans une aube sombre. Une lumière rouge perce un ciel d'été austral aux teintes profondes hésitant, avant que le soleil ne s'échappe au-dessus des tours de la City, entre l'indigo et un bleu grave. A l'ouest, au-delà des terrils, massifs et trapus comme des lingots d'or, Soweto s'étale dans la pénombre. Le Soweto des dimanches matins, engourdi, émergeant avec la gueule de bois. Un jour ordinaire. Et même si 2000 coureurs vont dévaler Soweto, rien n'éveillera un township qui a mal au crâne.

Lorsque le peloton de ce marathon s'étire dans les premiers faubourgs, l'indifférence règne. Industria et sa zone d'échange commerciale, ses garages au point mort, ses marchands de pneus ayant baissé leurs rideaux pour le week-end. Seuls quelques gardes trop maigres dans leur manteau quatre-saisons surveillent jalousement, matraque à la main, des portes muettes et cadenassées. Une colline plus loin, le circuit longe Coronationville, le township métis où habite encore la famille de Mark Plaatjes, champion du monde de marathon, à Stuttgart, en 1993. Avant qu'il ne s'exile pour les Etats-Unis, il vivait là, dans un petit pavillon de Belmont Street, à deux pas de l'hôpital, où il exerçait la profession de kinésithérapeute. C'est là que je le rencontrais pour la première fois un dimanche matin de juin 1985 avant qu'il ne songe à rompre avec une communauté le traitant de collabo pour avoir couru avec des blancs. Une éternité déjà.

Puis la course retrouve réellement Soweto en délaissant sur sa gauche l'enceinte du cimetière autrefois réservé aux Coloured. Par Commando Avenue, elle longe ensuite de vastes espaces vierges d'habitation. Un prêtre de l'église de Zion et quelques fidèles portant la cape et le béret noir zigzaguent en procession le long d'un marigot. C'est mi-prairie, mi-marécage, un no man's land que les squatters ne manqueront pas de dévorer pour s'installer vivre. Car Soweto avec ses 3 millions d'habitants loge encore actuellement plus d'un million de squatters. Des déracinés des bantoustans, des immigrés d'une Afrique Australe et Equatoriale à la recherche d'un Eden, les laissés pour compte d'une société qui se relève mal de vingt ans d'apartheid. L'Afrique du Sud de Mandela et de Thabo Mbeki joue son avenir, écartelée entre un capitalisme sauvage et des convictions idéologiques remisées au banc de la real-politique locale. D'un côté le peuple blanc paranoïaque, se méfiant même de son ombre en se retranchant loin de Johannesburg dans les cités bunkers où l'installation des milices d'autodéfense nourrit la polémique d'une presse libérale dénonçant les vieux démons de voir resurgir des égouts une extrême droite puissante.

A l'opposé, le peuple noir, lui, attend. Résigné… mais pour combien de temps ? Interpellant le gouvernement sur ses choix de gestions, sur la corruption de certains et sur une réconciliation qui se fait encore attendre. Soweto est convoité. Vitrine offerte au monde occidental pour démontrer que l'Afrique du Sud multiraciale et égalitaire a dépassé le simple stade des fondations. Quarante huit heures avant le marathon de Soweto, cinquante ambassadeurs avaient été reçus au centre Oppenheimer Tower, en plein cœur du township pour apporter une caution morale et financière au projet "The World in Soweto". Pour que la plus grande ville noire d'Afrique du Sud conquière une dignité, pour que "Soweto ne soit plus perçue comme la ville de la poussière mais comme la cité de la vie", déclarait Ahmed Cachalia et Jay Naidoo, deux militants de l'ANC.

La vie des Sowetan est loin de la rhétorique politicienne. Changements il y a, plus de changements ils attendent avec lassitude. Depuis trois ans, on a construit vite. Pour nettoyer les taudis de Mammelodi, les dépotoirs à ciel ouvert de Jabulani. Autour de l'hôpital de Baragwana, les matchbox s'empilent sur les collines comme de fragiles jeux de carte. Des petites maisons de transit où les mômes, culs dans la poussière, jouent avec des poignées de cailloux. Aux quatre coins du quartier, des marchands de fruits et légumes s'installent. Des grosses BMW flamboyantes tournent déjà comme des guêpes. On étale dans la rue sa petite richesse d'un business pas toujours clair. Ce township a désormais un cœur de ville. Pour que celle-ci ne soit plus un simple satellite de Johannesburg, une banlieue dortoir où les gangs organisés sont ivres de violence. Les Sowetan ont pris leur ville en main. Sur le plan social, économique, éducatif, culturel et sportif. Les initiatives se bousculent comme l'organisation du marathon de Soweto, créé en 1992 et s'inscrivant dans cette dynamique. Jan Tau, petit homme au regard sombre comme deux boulets anthracites et ancien vainqueur, le confirme : "Ce marathon représente beaucoup ici, pour motiver les gens. Surtout dans notre pays où les hommes s'entretuent. Si vous voulez la paix, vous devez venir ici et courir. Sans armes. Nos seules armes sont nos jambes".

Joe Louis, l'organisateur de ce marathon, petit, trapu et râblé, un blouson skaï sur le dos, que nous verrions plus une serviette-éponge à invectiver un poids welter sur un ring enfumé, est fier de sa mission. Son téléphone portable n'arrête pas de sonner. La presse, puis un point bref sur la fin de course, un relais avec le chef de la police : "Tout est O.K.". Sa grosse tête sculptée toute en rondeurs s'enfonce dans les plis scintillants de son blouson. Il parle d'une voix douce et calme avec cet accent des blacks de Soweto râpeux comme le son d'un banjo. Il est à l'origine de cette épreuve créée en 1992 lorsque les lois sur l'apartheid ont volé en éclats. "Nous avons baptisé ce marathon "The People's race"". Pour que cette épreuve s'inscrive dans un esprit de réconciliation et d'optimisme toujours attendu par les noirs et une majorité de libéraux blancs. Pour amener le peuple sud-africain à se construire une unité nationale passant par la compréhension et l'acceptation de son voisin de couleur. Une cinquantaine de joyeux joggers indiens, bien en chair et grisonnants, effectuèrent ainsi le déplacement en bus de la Côte du Natal ainsi que trois cents coureurs blancs, donnant au peloton de faux airs de dominos bancals… Assez pour que Joe Louis s'enthousiasme d'un tel brassage d'hommes et de femmes, d'horizons aussi divers, en plein cœur de Soweto. "Nous avons amené aux Sowetan le sport à leur pied. C'était notre idée de départ. Avec notre gouvernement, nous utilisons ce marathon comme base pour développer la culture de l'athlétisme dans notre communauté noire".

Les Temane, Sinqe, Mokale, Mhlongo, Tshabalala et Tau, vieux soldats de la course sur route sud africaine ont déplié leur compas pour piqueter le sol de messages d'espoir. Comme dans Vilakazi Street, la seule rue au monde où ont vécu deux prix Nobel de la Paix, l'ancien président Mandela et Mgr Desmond Tutu. Pourtant rien ne les différencie de ce peuple noir, mal rasés et endormis pour les hommes, en bigoudis et peignoir pour les femmes applaudissant timidement sur le bord des trottoirs ce chapelet de marathoniens. Coureurs connus et aimés, leur vie post-apartheid a changé bien peu de choses. Tout juste ont-ils acheté une belle voiture et agrandi la maison familiale où vivent encore de vieux parents dans un coin de Bantoustan reculé. Pour eux, l'horizon de leur quotidien se découpe toujours dans le noir des terrils d'exploitations minières dont ils sont employés. Jan Tau, 2h11'56" au marathon du Cap, vit toujours en Hostel dans l'enceinte même de la mine de la Gold Fields de Krugersdorp, en partageant sa chambre avec ses compagnons de peloton, Zithulele Sinqe ancien vainqueur du marathon de Soweto, Simon Mphulanyane et Eric Mhlongo. "Notre statut de coureur nous protège, on nous respecte". Mais en dehors de cela, ces quatre coureurs restent des "immigrés". Tau a quitté Kimberley, la capitale du diamant. Sinqe a tourné le dos à son Transkei natal pour accepter un petit emploi administratif dans cette mine. "Ce que nous voulions, c'était un travail à temps plein".

Jan Tau et Zithulele Sinqe mesurent avec justesse la réelle portée des discours bourrés de bonnes intentions. La course à pied n'a toujours pas rendu les hommes heureux en Afrique du Sud. Peut-être un Bruce Fordyce, légendaire vainqueur des Comrades, neuf fois sacré sur la route de Durban ? Peut-être une Elana Meyer, l'Africaine Blanche qui émerveilla le stade de Barcelone en embrassant l'Africaine Noire Derartu Tulu, le baiser le plus symbolique de l'histoire des Jeux Olympiques ? Ou le jogger de Cape Town, chassant les kilos superflus, en trottinant sur le front de mer ? Pour eux s'agit-il de la même Afrique, ce continent de tous les extrêmes, de toutes les pulsions, de toutes les tensions qui pointe son nez dans l'océan au Cap de Bonne Espérance ? A la recherche de la raison, du respect, de l'espérance. Un continent où l'endurance permet parfois de fuir la désespérance.

Shosholoza
Ku lezontaba
Sitmela si qhamuka e South Africa
Shosholoza
Ku lezontaba
Stimela si qhamuka e South Africa
Wen 'uya baleka
Wen 'uya baleka
Ku lezontaba
Stimela si qhamuka e South Africa

Je quitte Soweto en écoutant Ray Phiri entonner ce chant des ouvriers, du dur labeur et des migrants. J'en oublie "Mambo Bado" pour ces mots simples, une rythmique simple pour accompagner la lutte d'un peuple et d'un continent. Tout simplement. Sa voix décapée au chalumeau hésite entre la complainte des souffrances passées et l'errance nostalgique, douce et mélancolique. L'Afrique est-elle sur la route du cap de Bonne Espérance ?

Move fast
on those mountains
train from South Africa.
Move fast
on those mountains
train from South Africa.
You are running away
You are running away
on those mountains
train from South Africa.

186

SA musician

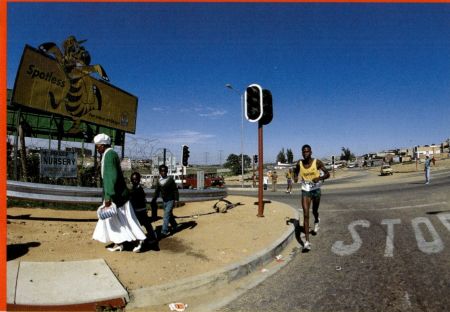

By ELLIOT MAKHAYA

SOWETO

THE DOMINO MARATHON

They have arrived, as upright as starched mannequins. In their fifties and permed as only South African Englishwomen still have the secret. They have pitched their tent in the corner of a field. A little, light brown sentry box. Then, like a Punch and Judy show, they have settled inside, opening the two flaps to wait for the runners.

Because for 10 rands (2 euros) these respectable women, with smiles as measured as the politeness of a country solicitor, take care of your car keys which they hook, with the delicacy of lace makers, onto a big panel. Proof of the old saying that every trade has its value and that once again, in this new world, the post-apartheid liberalism has unlocked people's imaginations. A big square clock in fake marble and art deco gold leaf takes up what space remains on the narrow counter where a handful of runners are already jostling to hand over their keys. It indicates the time: 5.30 a.m.

Day has already broken over Johannesburg. On the horizon, the Hillbrow tower stands out in a dull dawn. Before the sun appears above the tower blocks of the city centre a red light pierces the deep tints of the southern summer sky which hesitate between indigo and deep blue. To the west, beyond the slag heaps, massive and squat like gold bars, Soweto spreads out in the half-light. A Sunday morning Soweto which is waking up, dulled by a hangover. An ordinary day. And even if 2,000 runners are going to hurtle through Soweto, nothing will awaken a township with a headache.

When the pack of this marathon spreads out through the first suburbs of Soweto, indifference rules. Industria and its trading estate, its lifeless garages, its tyre shops which have shut up for the weekend. Only the too-thin guards in their thick overcoats, truncheon in hand, jealously survey the silent, padlocked doors. After the next hill, the circuit goes alongside Coronationville, the mixed township where the family of Stuttgart world marathon champion, Mark Plaatjes, still lives. Before he exiled himself to the USA, he lived there, in Belmont Street, right near the hospital where he had a job as a physiotherapist. That's where I met him for the first time, one Sunday morning in June 1985 before he began to think about breaking with a community which called him a collaborator because he ran with whites. Already an eternity ago.

189

Then the race goes back into Soweto proper, leaving on its left the cemetery, formerly reserved for coloureds. On Commando Avenue, it goes along vast open spaces devoid of houses. A priest of the Church of Zion, and a few of his flock wearing black capes and berets, zigzag in procession alongside an open ditch. It's half field, half marsh, a no-man's-land that the squatters will soon take over as living space. Because Soweto, with its three million inhabitants, still plays host to more than one million squatters. Rootless folk from Bantustan, immigrants from all over southern and equatorial Africa looking for an Eden, the rejects of a society which is finding it difficult to recover from 20 years of apartheid. Mandela and Thabo Mbeki's South Africa is risking its future, torn between unregulated capitalism and ideological convictions forcing a compromise with local realpolitik. On one side the whites, paranoid, even suspicious of their own shadows, entrenching themselves far from Johannesburg in bunkers where the establishment of self-defence militias nourishes the debate in the liberal press which denounces the old demons ready to resurface from the sewers of the powerful far right.

The blacks, for their part, wait. Resigned…but for how long? Questioning the government about its choices of action, about the corruption of certain and about the reconciliation for which they are still waiting. Soweto is coveted. A shop-window to show the Western world that the egalitarian and multi-racial South Africa has gone beyond the foundation stage. 48 hours before the Soweto marathon, 50 ambassadors were invited to the Oppenheimer Tower, right in the heart of the township, to give their financial and moral backing to "The World in Soweto" project. So that the biggest black town in South Africa can acquire dignity, so that "Soweto is no longer seen as the town of dust, but as the city of life", as two ANC militants, Ahmed Cachalia and Jay Naidoo, declared.

The life of Sowetans is far removed from the politicians' rhetoric. Changes there are, more changes they await with lassitude. For the last three years, construction has gone on apace. Cleaning up the slums of Mammelodi, the open-air garbage dumps of Jabulani. Around the hospital of Baragwana, matchboxes pile up on the hillsides like fragile playing cards. Little transit houses where children, bare-bottomed in the dust, play with handfuls of stones. All over the district, fruit and vegetable merchants set up shop. Big, flamboyant BMWs already swarm around like wasps. In the street people spread out what few riches they have from a business which is not always honest. The township now has a centre. So that it is no longer just a simple satellite of Johannesburg, a dormitory suburb where the organised gangs are drunk on violence. The Sowetans have taken their town in hand. In social, economic, educational and sporting terms. Initiatives burgeon, like the organisation of the Soweto marathon, created in 1992 as part of this process. Former winner Jan Tau, a little man with an expression as dark as two lumps of anthracite, confirms: "This marathon represents a lot here, to motivate people. Above all in our country where men kill each other. If you want peace, you should come here and run. Without weapons. Our only weapons are our legs".

Joe Louis, organiser of this marathon, small, thickset, a leather jacket on his back – although we might expect to see a towel for inveighing a welterweight in a smoky ring – is proud of his mission. His mobile phone rings incessantly. The press, then a brief check on the end of the race, a consultation with the chief of police: "Everything's OK". His big, rounded head is thrust into the shiny folds of his jacket. He speaks with a soft, calm voice in the accent of Soweto blacks which grates like the sound of a banjo. He is the originator of this event, created in 1992 when the apartheid laws exploded. "We baptised this marathon: 'The People's Race'". So that it could be part of the spirit of reconciliation and optimism so much awaited by the blacks and the majority of liberal whites. To help the South African people create that national unity which requires the understanding and acceptance of one's neighbour of another colour. Thus fifty or so joyful Indian joggers, plump and greying, made the journey by bus from the Natal coast as well as 300 white runners, giving the pack a false air of wobbly dominos…Sufficient for Joe Louis to be enthused by this mixture of men and women from so many different horizons, and this right in the middle of Soweto. "We brought the Sowetans the sport that suited them. That was our original idea. With our government, we use this marathon as a basis for the development of an athletics culture within our black community".

Temane, Sinqe, Mokale, Mhlongo, Tshabalala and Tau, old soldiers of South African road racing, stretched out their legs to stud the ground with messages of hope. Like in Vilakazi Street, the only road in the world where two Nobel Peace Prize winners have lived, the former President Mandela and Mgr Desmond Tutu. However, nothing differentiates them from the black people, the men unshaven and sleepy, the women in dressing gowns and curlers, who timidly applaud the string of runners from the edge of the pavement. Well-known and well-loved runners, their post-apartheid life has changed very little. They've just about managed to buy a nice car and enlarge the family home where old relatives still live in a backward corner of Bantustan. For them, the horizon of their daily life is still the black waste heaps of the mines that employ them. Jan Tau, 2h11'56'' in the Cape marathon, still lives in a hostel within the enclosure of the Krugersdorp Gold Field mine. He shares a room with his running mates Zithulele Sinqe, former winner of the Soweto marathon, Simon Mphulanyane and Eric Mhlongo. "Our status as runners protects us, we are respected". But apart from that, these four runners are nothing more than simple immigrants. Tau left Kimberley, the diamond capital. Sinqe turned his back on his native Transkei and accepted a junior administrative job in the mine. "What we wanted, was a full-time job".

Jan Tau and Zithulele Sinqe accurately measure the real impact of the speeches packed with good intentions. Running has never made people happy in South Africa. Perhaps Bruce Fordyce, legendary king of the Comrades, nine times crowned on the Durban road? Perhaps Elana Meyer, the white African who filled the Barcelona stadium with wonder by kissing the black African Derartu Tulu, the most symbolic kiss in the history of the Olympic Games? Or the Cape Town jogger, sweating off the superfluous kilos by trotting along the seafront. Is it the same Africa for all of them, this continent of extremes, of all the impulses, all the tensions which sticks its nose into the ocean at the Cape of Good Hope? Looking for reason, for respect, for hope. A continent where endurance sometimes allows one to flee desperation.

Shosholoza
Ku lezontaba
Sitmela si qhamuka e South Africa
Shosholoza
Ku lezontaba
Stimela si qhamuka e South Africa
Wen 'uya baleka
Wen 'uya baleka
Ku lezontaba
Stimela si qhamuka e South Africa

I leave Soweto listening to Ray Phiri singing this workers' song, about hard labour and migrants. Simple words, a simple rhythm to accompany the struggle of a people and a continent. Quite simply. His husky voice hesitates between a complaint about past sufferings and nostalgic, melancholy wandering. Is Africa on the road to Good Hope?

Move fast
on those mountains
train from South Africa.
Move fast
on those mountains
train from South Africa.
You are running away
You are running away
on those mountains
train from South Africa.

Merci à Pascal Rolling.

La réalisation artistique de ce livre ainsi que les aquarelles ont été réalisées par Arnaud Sauveplane.

La traduction a été réalisée par Robert Tobin.

Ce livre a été réalisé grâce au plein concours et à la compréhension totale de la société Puma.

Editions VO2 DIFFUSION
BP 404 - 12104 MILLAU CEDEX - FRANCE
www.runinlive.com

Tous droits de traduction, de reproduction et d'adaptation réservés pour tous pays.
Toute reproduction, même partielle de cet ouvrage est interdite.
Quel que soit le procédé d'impression ou de diffusion.
Imprimé en France chez Graphi Imprimeur - 243 avenue de Rodez - BP 19 - 12450 La Primaube
1er trimestre 2008

N°ISBN : 2-9522105-9-4 - EAN : 9782952210591